52주 신바람 구역공과

제자로 세우는 구역 2

"그러므로 너희는 가서 모든 족속으로
제자를 삼아 아버지와 아들과 성령의 이름으로
세례를 주고 내가 너희에게 분부한 모든 것을
가르쳐 지키게 하라" (마 28:19-20)

52주 신바람 구역공과

제자로 세우는 구역 2

조종제 지음

Grace 은혜출판사

머리말

연말이 되면 많은 목사님들이 내년에는 어느 교재로 성도들을 교육하며 훈련시킬 것인가 좋은 교재를 찾기 위하여 인터넷을 뒤지며 서점을 찾습니다. 물론 교단에서 나오는 공과들을 사용하는 교회들도 많이 있겠고 나름대로 담임목사님이 편집하여 만든 자료를 사용하는 교회들도 있습니다.

필자도 교단에서 교단 공과를 집필하였고 교단의 교육정책에 따라 교단공과를 사용해 오다가 때로는 교회 실정과 목회자의 비전과 이상에 맞는 교재의 필요성을 느끼곤 하였습니다. 그래서 서점에 나가 이 책 저 책 뒤져보며 고민할 때가 한 두 번이 아니었습니다. 서점에 가보면 많은 구역공과들이 있습니다. 나름대로 특징들이 있으며 유익한 공과들입니다.

필자는 선교 1세기 동안 급성장하므로 세계교회의 성장모델이 되어온 한국교회가 선교 2세기에 접어들면서 정체되고 침체되며 이단들에게 넘어가고 내외적으로 위기를 맞고 있는 원인 중 하나는 성도들을 바르게 양육하지 못하므로 믿음과 생활이 이원화되고 빛과 소금의 역할을 감당하지 못한데도 주요 원인이 있다고 봅니다.

이에 필자는 성도들을 체계적으로 교육 훈련시켜 교회에 일꾼이 되고 세상을 정복하며 세상에 나가 빛과 소금으로서의 사명을 감당케 할 새로운 교재의 필요성을 깨달아 금번에 제자로 세우기 위한 공과를 집필하게 되었습니다.

본 교재는 내용면에서 개혁주의 신학에 입각한 성경적이며 체계적이고 또한 쉽게 이해하고 적용할 수 있도록 꾸며진 것이 특색입니다.

본 교재는 3권으로 구성되어 3년간에 걸쳐 기독교의 핵심내용들을 체계적으로 다루고 생활에 실천하며 적용하도록 하였습니다. 본 교재를 사용하는 교회마다 주님의 신실한 제자들이 세워지기를 기도드립니다.

성문목장에서

저자 조종제 드림

본 교재의 특징 및 활용법

◈ 본 교재의 7대 특징

1. 본 교재는 구역원 (셀그룹 속회원)들을 제자로, 교회의 일꾼으로 성장시키기 위하여 성경의 핵심내용과 기독교의 진리들을 테마별로 체계적으로 꾸며졌습니다.
2. 각 과마다 주옥같은 예화와 생각하기를 넣었습니다.
3. 단원마다 말씀을 찾고 생각하며 함께 나누도록 하였습니다.
4. 말씀을 삶에 어떻게 실천할 것인가를 나누도록 하였습니다.
5. 오늘 말씀을 통하여 주시는 교훈을 나누고 회개하며 다짐하고 기도하도록 하였습니다.
6. 강단에서 설교용으로도 활용할 수 있습니다.
7. 인도자가 인도하기 쉽도록 성경 본문과 찬송을 넣었습니다.

◈ 교재 활용 인도법

1. 먼저 인사를 나누며 서로 축복합니다.
2. 정해진 찬송이나 또는 본인이 원하는 찬송을 합니다.
3. 함께 신앙고백을 드리거나 한 사람이 대표기도를 합니다.
4. 성경을 다 같이 읽습니다.
5. 생각하기 부분을 구역원에게 읽게 합니다.
6. 말씀 속으로는 단원별로 한 단원씩 읽고 성경을 찾아 읽게 합니다.
7. 나눔의 시간은 오늘 말씀을 통하여 깨달은 점, 교훈 등을 나눕니다.
8. 실천하기는 오늘 말씀을 어떻게 실천할 것인가를 서로 나눕니다.
9. 결단 및 기도시간에는 오늘 말씀에서 말씀대로 살지 못했던 것들을 찾아 회개하며 말씀대로 살 것을 다짐하며 기도합니다.
10. 감사 및 알림에서 감사예물을 드리고 헌금기도를 한 후 교회의 중요한 소식과 구역원 소식, 다음 모임 등을 전달하고 찬송을 드린 후 주기도를 드림으로 마칩니다.

차 례

7.제자와 봉사생활

8.제자와 찬송생활

9.제자와 종말신앙

10.제자와 영적세계

11.제자와 감사생활

12.제자와 결산

부록/ 절기

제1과 우리가 믿는 것

- 본문/ 요한복음 14:1-3
- 인사/ 반갑습니다, 사랑합니다, 주님의 이름으로 축복합니다.
- 찬송/ 305, 93장
- 신앙고백 (기도)

말씀읽기

1 너희는 마음에 근심하지 말라 하나님을 믿으니 또 나를 믿으라 2 내 아버지 집에 거할 곳이
많도다 그렇지 않으면 너희에게 일렀으리라 내가 너희를 위하여 거처를 예비하러 가노니 3 가
서 너희를 위하여 거처를 예비하면 내가 다시 와서 너희를 내게로 영접하여 나 있는 곳에 너희
도 있게 하리라

생각하기/ 거기 하나님 말고 다른 분 없소

그랜드캐니언이라는 미국의 유명한 관광지가 있습니다. 끝이 안 보이는 평야 같은 고원 지대에 땅이 몇 백 미터씩 푹 꺼져 있습니다. 거기에 인디언들이 살고 있습니다. 어느 날 관광객 하나가 관광을 갔다가 실족하여 몇 백 미터 벼랑으로 떨어졌습니다. 떨어지다가 정신 차리고 무엇인가를 꽉 붙잡았는데 나뭇가지를 하나 붙잡았습니다. 떨어지면 죽을 것 같아 위를 쳐다보고 "거기에 누구 없소? 사람 살려요" 하고 소리를 질러 봅니다. 그 때에 하나님의 음성이 들려왔습니다. "내가 여기 있다" "하나님 살려 주세요. 내가 믿습니다." "네가 진정으로 나를 믿느냐?" "예 믿습니다. 저를 살려 주세요" "그래, 그러면 네 손을 놓아라." "손을 놓으라고요? 안돼요." 하고는 다시 "그 위에 하나님 말고 또 다른 사람 없소?" 하고 소리를 질렀답니다.

말씀 속으로

1. 기독교는 믿음의 종교입니다.

기독교 신앙은 믿음으로부터 출발합니다. 믿음으로 구원받고 믿음으로 죄사함 받고 믿음으로 천국가고 믿음으로 의롭게 됩니다. 믿음이란 신뢰, 확신, 맡김 등의 의미를 가집니다. 즉 보이지 않는 것을 보는 것처럼 확신하고 말하고 행동하는 것입니다. 하나님을 믿으면 하나님이 눈에 보이지 아니해도 그 말씀을 확신하며 신뢰하며 말씀을 순종하는 것이 믿음입니다. 나뭇가지를 붙잡고 있는 자에게 손을 놓으라 하면 놓는 것이 믿음입니다. 우리가 하나님을 신뢰하고 하나님께 맡길 때 하나님이 일하십니다.

그러나 오늘 많은 그리스도인들이 믿는다고 하면서 전적으로 하나님을 신뢰하지 않습니다. 자신의 생각과 인간의 논리에 맞는 것은 믿고 맞지 않는 것은 믿지 않습니다. 이는 온전한 믿음이 아닙니다. 인간의 생각으로 불가능해 보이는 일도 하나님의 말씀이라면 믿고 순종하는 것이 믿음입니다. 다윗은 시편 55:22에서 "네 짐을 여호와께 맡겨버리라" 고 하였습니다. 맡기는 것이 믿음입니다.

성경읽기/ 히브리서 11:1을 읽고 믿음에 대하여 말해봅시다.

2. 하나님과 예수님을 믿습니다.

예수님은 하늘로 가시기 전에 제자들에게 자신이 하늘로 가실 때가 되었음을 말하며 "너희는 마음에 근심하지 말라. 하나님을 믿으니 또 나를 믿으라" 하셨습니다.

1) 우리는 하나님을 믿습니다.

하나님이 계신 것을 믿고 그 하나님이 우주만물을 창조하신 주인인 것을 믿습니다(창1:1).

2) 예수님이 구원자이심을 믿습니다.

우리는 예수님이 하나님의 아들되심과 우리 죄를 대신하여 십자가에서 죽으시고 부활하신 것과 하늘로 승천하신 것을 믿습니다(요3:16, 마16:21, 행1:9-11).

3) 성령님을 믿습니다.

성령님은 하나님의 영이요 진리의 영이시며 보혜사이십니다.

이 믿음을 가진 자가 구원받은 자입니다. 우리는 이 믿음에서 흔들리지 말아야 합니다.

성경읽기/ 요한복음 5:24을 읽고 무엇을 듣고 믿는 자는 영생을 얻었다고 하였는지 말해봅시다.

3. 예수님의 재림과 천국, 지옥을 믿습니다.

예수님은 하늘로 가시면서 내가 너희를 위하여 거처를 예비하러 가노니 거처를 예비하면 다시 와서 너희를 내게로 영접하여 나 있는 곳에 너희도 함께 있게 하리라고 하셨습니다.

예수님은 우리의 거처를 준비하러 천국으로 가셨습니다. 우리는 천국이 있음을 믿습니다. 또한 지옥이 있음을 믿습니다. 예수님이 다시 오심으로 인류역사가 막을 내리고 예수님을 믿는 자는 천국으로 가고 믿지 않는 자는 지옥으로 가서 영원히 살게 됩니다(마3:2, 25:35, 41, 계20:10, 21:8).

그리고 우리는 성경이 하나님의 말씀인 것과 일점 일획도 잘못이 없는 진리임을 믿는 것입니다(딤후3:16, 히4:12).

성경읽기/ 사도행전 1:11을 읽고 예수님은 어떻게 다시 오신다고 하였는지 말해봅시다.

나가는 말

우리는 하나님을 믿고 예수님을 믿고 성경이 하나님의 말씀임을 믿습니다. 믿는 것은 신뢰하고 맡기고 행동하는 것입니다. 하나님께 믿고 맡기셔야 합니다. 구원은 하나님이 주시는 것입니다. 내 힘으로 구원을 얻는 것이 아닙니다. 예수께서 하나님의 아들이요 내 대신 죽었다는 사실을 믿기만 하면 하나님이 책임져 주시고 구원을 주시고 영생을 주시는 것입니다.

나눔의 시간

1. 오늘 말씀을 통하여 느낀 점을 말해봅시다.
2. 나는 나의 삶을 어느 정도 주님께 맡기며 살고 있는지 말해봅시다.

적용하기

오늘 말씀을 생활에 어떻게 적용할까 말해봅시다.

결단 및 합심기도

1. 하나님을 믿는다고 하면서 하나님 말씀에 전적으로 순종하지 못한 것을 회개하며 이제부터 믿고 순종하며 살 것을 다짐하며 기도합시다.
2. 우리 구역부흥과 전도 대상자를 위하여 기도합시다.

감사 및 알림

헌금 및 기도, 교회소식, 구역소식, 다음모임, 주기도.

제2과 믿음의 경주

- 본문/ 고린도전서 9:24-27
- 인사/ 반갑습니다, 사랑합니다, 주님의 이름으로 축복합니다.
- 찬송/ 347, 546장
- 신앙고백 (기도)

말씀읽기

24 운동장에서 달음질하는 자들이 다 달릴지라도 오직 상을 받는 사람은 한 사람인 줄을 너희
가 알지 못하느냐 너희도 상을 받도록 이와 같이 달음질하라 25 이기기를 다투는 자마다 모든
일에 절제하나니 그들은 썩을 승리자의 관을 얻고자 하되 우리는 썩지 아니할 것을 얻고자 하
노라 26 그러므로 나는 달음질하기를 향방 없는 것 같이 아니하고 싸우기를 허공을 치는 것 같
이 아니하며 27 내가 내 몸을 쳐 복종하게 함은 내가 남에게 전파한 후에 자신이 도리어 버림
을 당할까 두려워함이로다

생각하기/ 2010년 벤쿠버 동계올림픽 피겨왕 김연아

2010년 89개국이 참가한 벤쿠버 동계올림픽에서 우리나라는 금 여섯, 은 여섯, 동메달 둘로 캐나다 독일 미국 노르웨이에 이어 종합 5위를 했습니다. 그때 여러 종목이 있었지만 가장 크라이막스는 피겨스케이팅이었습니다. 우리나라의 김연아와 일본의 아사다 마오의 대결에서 김연아가 역사상 가장 좋은 점수로 금메달을 받았습니다. 김연아는 피겨여왕 뿐 아니라 온 국민의 사랑받는 영웅이 되었습니다. 그러나 김연아가 여기까지 오는 데는 피나는 눈물과 땀, 아픔과 고통이 있었습니다. 어린이날 다른 아이들은 놀러가도 놀지도 못하고 훈련을 해야 했습니다. 휴일에 가족과 함께 놀러가지도 못했습니다. 연아도 다른 아이들처럼 놀고 싶었는데 놀지 못했다고 했습니

다. 훈련이 너무 힘들었다고 했습니다. 그러나 그는 올림픽 금메달을 위해 인내하며 훈련하여 피겨 여왕이 되었습니다.

말씀 속으로

1. 신앙생활은 경주하는 것과 같습니다.

본문에 바울 사도는 그리스도인들의 신앙생활을 경기하는 것으로 비유하고 있습니다. "운동장에서 달음질 하는 자들이 다 달릴지라도 오직 상을 받는 사람은 한사람인줄 너희가 알지 못하느냐? 너희도 상을 받도록 달음질 하라"

모든 그리스도인들은 세상 경기장에서 신앙 올림픽을 하고 있습니다. 이세상은 경기장이요 훈련장입니다. 각종 장애물도 있고 난코스도 많습니다. 신앙생활 하는 중에 시험도 있고 환란도 있고 대적도 있다는 말입니다. 우리는 시험 환난 고난이 닥쳐도 믿음으로 이기며 달려가야 합니다. 경기하는 선수가 힘들다고 주저앉으면 낙오자가 됩니다. 신앙생활이 힘들다고 중간에 포기하면 지옥행이 됩니다. 끝까지 이를 악물고 달려가면 상을 받을 수 있습니다.

성경읽기/ 빌립보서 3:13을 읽고 바울은 무엇을 잊어버리고 무엇을 잡으려고 달려간다고 하였는지 말해봅시다.

2. 푯대를 바라보고 달려가야 합니다.

우리의 푯대는 예수님입니다. 우리의 목적지는 천국입니다. 우리는 천국에 도달할 때까지 달려가야 합니다. 달려갈 때는 뒤를 돌아보지 말고 앞만 바라보고 달려가야 합니다.

우리는 한해를 보내고 새해를 맞이했습니다. 지난해에 잘못한 것, 잘한 것 다 잊어버리고 이제 올해 목표를 향해 달려가야 합니다. 예수님을 바라보고 달려가야 합니다. 하늘의 상급을 바라보고 달려가야 합니다. 지난해 잘못한 일에 매어 있어서는 안됩니다. 또한 지난해 잘했다고 안주해서도 안됩니다. 올해 목표를 세우고 그 목표를 향해 달려가야 합니다. 전도목표를 세우고, 기도 목표를 세우고, 성경읽기 목표를 세우고, 봉사 목표를 세우고 달려가야 합니다.

성경읽기/ 빌립보서 3:14을 읽고 바울사도는 무엇을 위하여 달려간다고 했는지 말해봅시다.

3. 상 얻도록 달음질해야 합니다.

경주를 하는 그리스도인들을 보면 세 분류의 사람이 있습니다. 첫째는, 열심히 달려가는 자들입니다. 이들은 누가 무슨 말을 해도 시험 들거나 넘어지지 않고 아무리 힘들고 어려워도 낙심치 않고 주님만 바라보고 믿음 지키며 열심히 섬기며 봉사하는 자들입니다. 둘째는, 걸어가는 자들입니다. 이들은 일을 하긴 하는데 자신의 감정에 따라 하고 싶으면 하고 하기 싫으면 안하는 자들입니다. 잘한다고 칭찬해 주고 기분 좋고 은혜 받으면 열심히 하는데 은혜 떨어지면 안합니다. 자기중심의 신앙생활을 하는 자들입니다. 셋째는, 기어가거나 앉아있는 자들이 있습니다. 이들은 과거에 열심히 했던 자들인데 일하다가 시험 들고 상처받았다고 일하지 않는 자들입니다. 이들은 나도 왕년에 기도했다. 전도했다. 찬양대도 했고 교사도 했다고 합니다. 지금은 일하지 않고 겨우 예배만 드리는 자들입니다. 이들은 교회보다는 세상 일에 열심 내는 자들입니다. 이들 중 누가 상을 받을 수 있을까요? 두말할 것 없이 열심히 달려가고 있는 자들입니다. 바울은 너희도 상 얻도록 달음질 하라고 했습니다.

성경읽기/ 계시록 3:2을 읽고 주님은 사데 교회를 죽은 자라고 하였는데 무엇을 찾지 못하여 죽은 자라고 하였는지 말해봅시다.

나가는 말

예수님은 다시 오실 때 상을 가지고 와서 각 사람의 일한 대로 갚아 주리라고 말씀하셨습니다(계22:12). 세상의 메달이나 상급은 그 가치나 영광이 잠간입니다. 그러나 천국의 상급과 메달은 그 가치와 영광이 영원합니다. 상을 받으려면 열심히 섬기며 봉사하며 일해야 합니다. 힘들고 어려움이 있어도 낙심치 말고 앞만 바라보고 끝까지 믿음 지키며 달려가야 합니다. 주님은 일한 대로 상을 주십니다.

나눔의 시간

1. 오늘 말씀을 통하여 느낀 점을 말해봅시다.
2. 나는 지금 신앙의 경주에서 달려가는지 걸어가고 있는지 기어가고 있는지 누워 자고 있는지 말해봅시다.

적용하기

오늘 말씀을 생활에 어떻게 적용할까 말해봅시다.

결단 및 합심기도

1. 신앙생활 열심히 못한 것을 회개하며 올해 목표를 세우고 달려갈 것을 다짐하며 기도합시다.
2. 구역부흥과 전도대상자를 위하여 기도합시다.

감사 및 알림

헌금 및 기도, 교회소식, 구역소식, 다음모임, 주기도.

제3과 믿음의 역사

- 본문/ 마가복음 9:23-27
- 인사/ 반갑습니다, 사랑합니다, 주님의 이름으로 축복합니다.
- 찬송/ 545, 435장
- 신앙고백 (기도)

말씀읽기

23 예수께서 이르시되 할 수 있거든이 무슨 말이냐 믿는 자에게는 능치 못할 일이 없느니라 하
시니 24 곧 그 아이의 아비가 소리를 질러 가로되 내가 믿나이다 나의 믿음 없는 것을 도와 주
소서 하더라 25 예수께서 무리의 달려 모이는 것을 보시고 그 더러운 귀신을 꾸짖어 가라사대
벙어리 되고 귀먹은 귀신아 내가 네게 명하노니 그 아이에게서 나오고 다시 들어가지 말라 하시
매 26 귀신이 소리지르며 아이로 심히 경련을 일으키게 하고 나가니 그 아이가 죽은것 같이 되
어 많은 사람이 말하기를 죽었다 하나 27 예수께서 그 손을 잡아 일으키시니 이에 일어서니라

생각하기/ 영국에 존 월턴의 겨자씨 한알

그는 26살 때까지 헛된 삶 방황의 인생을 살았습니다. 하루는 교회에 나가서 설교를 듣는데 "겨자씨 한 알 만한 믿음만 있으면 산을 옮기라고 하여도 옮길 것이요" 하는 말씀을 듣고 큰 깨달음을 얻게 되었습니다. "그렇다 내가 아주 작은 겨자씨 만한 믿음만 있다면 불가능이 없는 삶을 살 수 있다" 고 하지 않는가?

그 다음부터는 그는 평생 동안 겨자씨를 주머니에 넣고 다녔다고 합니다. 그는 후에 영국에 실업가로써 크게 성공을 하였습니다. 노년에 엘리자베스 2세로부터 작위를 받았습니다. 사람들이 왜 주머니에 겨자씨를 넣고 다니느냐고 물으면 월턴은 "내가 좌절할 때마다 이 겨자씨를 보며 하나님이 겨자씨 한 알 만한 믿음만 있으면 불가능

한 일이 없다고 했는데 겨자씨를 보며 용기를 얻었다"는 것입니다.

말씀 속으로

1. 믿음은 불가능을 가능케 합니다.

벙어리 귀신 들린 아이의 아버지가 아이를 고치기 위해 제자들에게 왔습니다. 제자들은 그 아이를 고치지 못했습니다. 예수님이 산에서 내려오셨습니다. 많은 사람들이 모여 변론하는 것을 보시고 무슨 일로 변론하느냐고 물었습니다. 그때 아이의 아버지가 아이를 데리고 예수님께 나아와 할 수 있으시면 아이를 고쳐달라고 간구합니다. 이때 예수님은 "할 수 있거든이 무슨 말이냐 믿는 자에게는 능치 못할 일이 없느니라" 하시고 아이를 괴롭히는 귀신을 향하여 "말 못하고 못 듣는 더러운 귀신아 내가 네게 명하노니 그 아이에게서 나오고 다시는 들어가지 말라" 하시며 아이를 고쳐주셨습니다.

성경읽기/ 마태복음 17:20에서 제자들은 왜 아이를 고치지 못했는지 말해봅시다.

2. 믿음에는 역사가 일어납니다.

예수님은 겨자씨 만한 믿음만 있어도 산을 명하여 여기서 저기로 옮겨지라 하면 옮겨질 것이요 너희가 못할 것이 없으리라고 하셨습니다(마17:20).

한 청년이 교회에서 겨자씨 만한 믿음이 있으면 산을 옮길 수 있다는 목사님의 설교를 듣고는 그의 집 뒷산의 눈사태 때문에 어려움을 겪어 산을 옮겨보리라고 기도하기 시작했습니다. 기도한지 40일째 되던 날 싱글 벙글 웃으며 목사님께 찾아와서 간증하기를 "목사님, 20세기는 산을 번쩍 들어서 옮기는 것이 아니라 기계로 옮기더군요."라고 하며 자기 집 뒷산을 옮겨달라고 기도했더니 새로 생긴 고속도로에 흙이 필요하다고 하며 큰 트럭들이 와서 그 흙을 계속 실어가 산이 거의 다 없어졌다고 간증을 하였습니다.

성경읽기/ 요한복음 14:12을 읽고 예수님을 믿는 자는 어떤 일을 할 것이라고 하였는지 말해봅시다.

3. 예수님은 믿음을 보시고 일하십니다.

예수님이 야이로의 딸을 살리고 나오실 때 맹인 둘이 나아와 다윗의 자손 예수여 우리를 불쌍히 여겨달라고 부르짖었습니다.

예수님은 그들에게 내가 능히 이일 할 줄을 믿느냐고 물으니 그들은 그러합니다. 예수님이 우리 눈을 고치실 줄 믿는다고 대답하였습니다. 그때 예수님은 너희 믿음대로 되라 하시니 즉시 눈이 밝아지게 되었습니다(마9:28-30).

예수님이 여리고로 지나가실 때 한 맹인이 다윗의 자손 예수여 나를 불쌍히 여겨달라고 예수님께 부르짖었습니다. 예수님은 그 맹인을 데려오라 하시고 그에게 무엇을 하여 주기를 원하느냐 물었습니다. 맹인은 보기를 원한다고 대답했습니다. 그때 예수님은 네 믿음이 너를 구원하였다고 하시며 맹인을 고쳐주셨습니다(눅18:42). 예수님이 가버나움에 계실 때 한 중풍병자를 네 사람이 메고 지붕 위로 올라가 지붕을 뚫고 예수님께 달아 내렸습니다. 예수님은 그들의 믿음을 보시고 중풍병자의 죄를 사하시고 고쳐 주셨습니다(막2:5).

성경읽기/ 누가복음 18:42을 읽고 예수님은 무엇이 너를 구원하였다고 하였는지 말해봅시다.

나가는 말

믿음에는 역사가 나타납니다. 예수님은 많은 병자들을 고치셨습니다. 예수님은 오늘도 동일하게 일하십니다. 오늘도 믿음이 있는 곳에 역사가 일어납니다. 예수님은 믿음을 보시고 일하시며 믿음대로 되라고 하십니다. 인생의 삶은 믿음대로 됩니다.

나눔의 시간

1. 오늘 말씀을 통하여 느낀 점을 말해봅시다.
2. 나는 믿음으로 어떤 역사를 일으킨 적이 있는지 나눠봅시다.

적용하기

오늘 말씀을 생활에 어떻게 적용할까 말해봅시다.

결단 및 합심기도

1. 나에게 겨자씨 만한 믿음이 있는가! 나는 역사를 일으키는 믿음이 있는가! 돌아보며 역사를 일으키는 믿음을 가지기를 기도합시다.
2. 우리 구역부흥과 전도 대상자를 위하여 기도합시다.

감사 및 알림

헌금 및 기도, 교회소식, 구역소식, 다음모임, 주기도.

제4과 큰 믿음을 가져라

- 본문/ 마태복음 15:22-23, 26-28
- 인사/ 반갑습니다, 사랑합니다, 주님의 이름으로 축복합니다.
- 찬송/ 288, 542장
- 신앙고백 (기도)

말씀읽기

22 가나안 여자 하나가 그 지경에서 나와서 소리 질러 이르되 주 다윗의 자손이여 나를 불쌍히
여기소서 내 딸이 흉악하게 귀신 들렸나이다 하되 23 예수는 한 말씀도 대답하지 아니하시니
제자들이 와서 청하여 말하되 그 여자가 우리 뒤에서 소리를 지르오니 그를 보내소서.... 26 대
답하여 이르시되 자녀의 떡을 취하여 개들에게 던짐이 마땅하지 아니하니라 27 여자가 이르되
주여 옳소이다마는 개들도 제 주인의 상에서 떨어지는 부스러기를 먹나이다 하니 28 이에 예
수께서 대답하여 이르시되 여자여 네 믿음이 크도다 네 소원대로 되리라 하시니 그 때로부터
그의 딸이 나으니라

생각하기/ 나는 죽지 않고 살거야

미국에서 가장 빠르게 성장하는 교회 중 하나인 레이크우드 교회를 담임하는 조엘 오스틴 목사님의 어머니가 간암에 걸려 몇 주 밖에 살지 못한다는 진단이 내려졌습니다. 병원에서 포기하고 퇴원권고를 하여 집으로 왔습니다. 그런데 어머니는 "나는 죽지 않고 살거야. 나는 하나님의 역사하심을 선포할거야"라고 말했습니다.

아들이 물었습니다. "어머니, 도대체 어떻게 죽지 않으시겠다는 거예요?"

"얘야, 나는 주님과 능력을 믿는다." 그리고 성경에 치유말씀 "저가 채찍에 맞음으로 우리가 나음을 입었다" "나는 너희를 치료하는 여호와라" 등 말씀을 찾아서 종이에

적어 매일 큰 소리로 선포하는 것입니다. 그러자 점차 식욕이 돌아오고 몸무게가 불어나기 시작했습니다. 사형선고를 받은 지 20년이 지났지만 그 어머니는 아직도 건강하게 살아있다고 합니다.

말씀 속으로

1. 큰 믿음은 포기하지 않는 믿음입니다.

여인은 딸의 병을 고치기 위해 부르짖었습니다. 그러나 예수님은 아무런 반응도 없이 외면하셨습니다. 여인이 계속 소리 지르자 제자들이 예수님께 저 여자를 보내라고 합니다. 듣기 싫다는 것입니다. 이때 예수님은 자녀의 떡을 개에게 주는 것이 마땅치 않다고 한마디 하셨습니다. 이는 여인을 개로 취급하신 것입니다. 어떻게 예수님이 이렇게 말씀하실 수 있단 말인가! 여인은 그런 치욕적인 말을 듣고도 낙심치 않았습니다. 그 말을 인정했습니다. 개들도 주인의 상에서 떨어지는 부스러기를 먹는다고 하며 그 부스러기라도 달라고 간청하였습니다. 이때 예수님은 이 여인을 향하여 “여자여 네 믿음이 크도다. 네 소원대로 되라”고 하였습니다. 그 즉시 딸이 나았습니다.

우리가 믿는 믿음은 큰 믿음이 있고 작은 믿음이 있으며 죽은 믿음도 있고 산 믿음도 있습니다. 큰 믿음은 큰 역사를 일으키고 작은 믿음은 작은 역사를 일으킵니다.

성경읽기/ 야고보서 2:17을 읽고 어떤 믿음이 죽은 믿음이라고 하였는지 말해봅시다.

2. 큰 믿음은 말씀대로 믿는 믿음입니다.

한 백부장의 하인이 중풍병으로 몹시 고통을 당하고 있었습니다. 이때 백부장은 예수님께 나아와 하인을 고쳐달라고 간청했습니다. 예수님은 가서 고쳐주겠다고 했습니다. 그러자 백부장은

"주여 내 집에 들어오심을 나는 감당하지 못하겠사오니 다만 말씀으로만 하옵소서. 그러면 내 하인이 낫겠나이다. 나도 남의 수하에 있는 사람이요 내 아래에도 군사가 있으니 이더러 가라 하면 가고 저더러 오라 하면 오고 내 종더러 이것을 하라 하면 하나이다" 고 하며 여기서 말씀만 해달라는 것입니다. 예수님은 백부장의 이 말을 듣고 "내가 진실로 너희에게 이르노니 이스라엘 중 아무에게서도 이만한 믿음을 보지 못하였노라" (마8:8-10)고 크게 칭찬하시며 가라 네 믿음대로 될지어다 하셨습니다. 그 순간 그의 하인의 병이 나았습니다. 큰 믿음은 말씀대로 될 줄 믿고 말씀에 순종하는 믿음입니다.

성경읽기/ 요한일서 5:4에서 무엇이 세상을 이긴다고 하였나요?

3. 믿음은 말씀을 들음으로 자랍니다.

생명체는 성장을 해야 합니다. 성장하지 않는 생명체는 죽은 것입니다. 믿음도 성장해야 합니다. 믿음은 저절로 자라지 않습니다. 믿음은 하나님의 말씀 들을 때 생기고 성장합니다. 큰 믿음을 가지려면 말씀을 자주 들어야 합니다. 말씀 없는 믿음은 믿음이 아니고 자기 신념입니다. 믿음과 신념은 다릅니다. 믿음은 하나님의 말씀을 통하여 옵니다. 큰 믿음은 말씀을 듣고 순종하는 믿음입니다. 말씀을 순종할 때 역사가 일어납니다. 말씀을 순종할 때 홍해도 갈라지고 여리고도 무너졌습니다. 그러므로 우리는 무엇보다도 말씀 듣는 일에 힘을 써야 합니다. 하나님 말씀은 믿음을 더하여 주기 때문입니다.

성경읽기/ 로마서 10:17 말씀을 읽고 믿음과 들음과 말씀의 관계를 말해봅시다.

나가는 말

믿음은 하나님 속에 있는 능력을 나의 삶으로 끌어오는 통로입니다. 믿음이 있으면 하나님의 능력과 기적이 내게로 임합니다. 믿고 의심하지 않는 것이 바로 기적과 능력을 체험하는 비결입니다. 큰 믿음은 큰 역사를 일으키고 작은 믿음은 작은 역사를 일으킵니다. 큰 믿음을 가지므로 큰 역사를 일으키길 바랍니다.

나눔의 시간

1. 오늘 말씀을 통하여 느낀 점을 말해봅시다.
2. 나는 일주일에 말씀을 얼마나 읽고 몇 번이나 듣는지 말해봅시다.

적용하기

오늘 말씀을 생활에 어떻게 적용할까 말해봅시다.

결단 및 합심기도

1. 말씀을 읽고 듣는 일에 힘쓰므로 믿음을 성장시켜 큰 역사를 나타내기를 위해 기도합시다.
2. 우리 구역부흥과 전도 대상자를 위하여 기도합시다.

감사 및 알림

헌금 및 기도, 교회소식, 구역소식, 다음모임, 주기도.

제5과 주일(안식일)성수와 축복

- 본문/ 출애굽기 20:8-11
- 인사/ 반갑습니다, 사랑합니다, 주님의 이름으로 축복합니다.
- 찬송/ 43, 285장
- 신앙고백 (기도)

말씀읽기

8 안식일을 기억하여 거룩하게 지키라 9 엿새 동안은 힘써 네 모든 일을 행할 것이나 10 일곱
째 날은 네 하나님 여호와의 안식일인즉 너나 네 아들이나 네 딸이나 네 남종이나 네 여종이나
네 가축이나 네 문안에 머무는 객이라도 아무 일도 하지 말라 11 이는 엿새 동안에 나 여호와
가 하늘과 땅과 바다와 그 가운데 모든 것을 만들고 일곱째 날에 쉬었음이라 그러므로 나 여호
와가 안식일을 복되게 하여 그 날을 거룩하게 하였느니라

생각하기/ 주일에 문 닫는 식당 '칙필레', 지난해도 사상 최대 매출

성경적 운영방식으로 잘 알려진 크리스천 기업 칙필레는 미국의 계속되는 경기 침체도 불구하고 지난해 사상최대인 41억 달러의 수익을 기록했으며, 이는 2010년보다 13% 가량 성장한 수치며 44년 연속 성장하는 기록을 세웠다. 현재 워싱턴 D.C.를 포함한 미국 39개 주에 1,600개 이상의 매장을 소유하고 있으며, 지난 한 해에만 92개의 매장을 더 열고 성장일로를 달리고 있다.

트루엣 캐시 회장은 주일에는 식당 문을 닫는 것을 철칙으로 하며, 직원들이 쉬거나 예배를 갈 수 있도록 배려하고 있다. 설립자 트루엣 캐시는 주일에 문을 닫는 것에 대해 "우리가 선택한 가장 좋은 경영 전략이었다" 고 밝히고 있다(2012년2월6일 발표).

말씀 속으로

1. 안식일(주일)은 주님의 날입니다.

오늘 우리 한국교회의 위기 중 하나는 주일의 개념이 사라지며 주일성수가 무너지고 있는 것입니다. 하나님은 6일 동안 우주만물을 창조하시고 7일째 되는 날 안식하시며 인류에게 이날은 안식일로 지키라고 명하셨습니다(출20:8). 안식일은 하나님께서 인간에게 복 주시기 위해 특별히 정하신 복되고 거룩한 날입니다. 구약의 안식일은 신약에 주일로 이어집니다. 주일이란 주님의 날이란 뜻으로 예수님이 우리의 죄를 대신 지고 죽으셨다가 부활하심을 기념하여 지키는 날입니다. 주일은 우리의 구원을 완성하시고 새생명을 주신 날이며 영적인 안식의 날입니다. 그리스도인들은 나를 위해 죽으시고 부활하신 주님을 생각하며 주님의 날인 주일을 구별하여 지켜야 합니다.

성경읽기/ 출애굽기 20:8을 읽고 하나님께서 안식일을 어떻게 지키라고 하셨는지 말해봅시다.

2. 안식일(주일)은 복의 날입니다.

하나님은 안식일을 복의 날로 정하셨습니다. 하나님은 안식일을 거룩히 지키는 자에게 축복을 약속하고 있습니다. "만일 안식일에 네 발을 금하여 내 성일에 오락을 행하지 아니하고 안식일을 일컬어 즐거운 날이라 여호와의 성일을 존귀한 날이라 하여 이를 존귀하게 여기고 네 길로 행하지 아니하며 네 오락을 구하지 아니하며 사사로운 말을 하지 아니하면 네가 여호와 안에서 즐거움을 얻을 것이라 내가 너를 땅의 높은 곳에 올리고 네 조상 야곱의 기업으로 기르리라 여호와의 입의 말씀이니라" (사58:13-14)

반면에 느헤미야는 안식일을 범하므로 임한 재앙을 말씀하고 있습니다. "너희가 어찌 이 악을 행하여 안식일을 범하느냐 너희 조상들이 이같이 행하지 아니하였느냐 그래서 우리 하나님이 이 모든 재앙을 우리와 이 성읍에 내리신 것이 아니냐 그럼에도 불구하고 너희가 안식일을 범하여 진노가 이스라엘에게 더욱 심하게 임하도록 하는도다" (느 13:17-18)

안식일(주일)을 잘 지키면 축복을 받습니다. 그러나 주일은 범하게 되면 재앙을 받게 됩니다.

성경읽기/ 이사야서 56:2을 읽고 안식일을 어떻게 지키는 자가 복이 있다고 하였는지 말해봅시다.

3. 주일은 구별되게 지켜야 합니다.

성경은 안식일을 기억하여 거룩하게 지키라고 하였습니다. 거룩이란 구별을 의미합니다. 거룩하게 지키는 것은 다른 날과 구별해서 지키라는 것입니다. 주일은 교회에 모여 하나님께 예배를 드려야 합니다. 예배는 하나님을 섬기는 예식이며 영적으로 하나님과의 만남의 시간입니다. 예배시간에 하나님은 힘과 위로와 축복을 주십니다. 주일은 자신을 위해 일하지 않아야 합니다. 주일은 세상적인 일, 장사, 사업, 직장일, 오락 등을 하지 않고 주님을 위하는 일에 힘써야 합니다. 주일에는 이웃에게 복음을 전하며 약한 자, 병든 자, 고난 당한 자 등을 돌아보며 지냅니다.

종교개혁자 칼빈은 제4계명을 다음과 같이 설명하고 있습니다.

① 영적인 안식의 약속으로서의 계명이다 ② 말씀과 의식으로 하나님의 일을 묵상하게 한다 ③ 노동으로부터의 휴식하는 일이다.

성경읽기/ 출애굽기 35:2-3에서 안식일을 범한 자는 어떻게 하라고 하였나요?

나가는 말

주일은 주님의 날입니다. 안식일(주일)을 범하면 화가 임합니다. 이는 하나님의 날을 도둑질한 것이기 때문입니다.

주일 성수를 위해서 그리스도인들은 엿새 동안 힘써 일해야 합니다. 열심히 일하기 위해 주일에 안식하며 새 힘을 얻어야 합니다. 주일에는 예배드리고, 봉사하고, 말씀공부와 기도하며, 병자들을 찾아가서 기도해 주고, 슬픔을 당한 사람들을 위로해 주면서 온전히 주일을 지켜야 합니다.

주일을 지키면 영혼과 육체가 강건해지고 생업에 복을 받습니다.

나눔의 시간

1. 오늘 말씀을 통하여 느낀 점을 말해봅시다.
2. 주일을 범한 적이 있나 살피고 있다면 왜 범했는가 말해봅시다.

적용하기

앞으로 주일 성수에 대하여 어떻게 할 것인가 말해봅시다.

결단 및 합심기도

1. 주일을 범한 적이 있으면 회개하고 앞으로는 주일 성수를 잘할 것을 다짐하며 기도합시다.
2. 우리 구역부흥과 전도 대상자를 위하여 기도합시다.

감사 및 알림

헌금 및 기도, 교회소식, 구역소식, 다음모임, 주기도.

제6과 십일조와 축복

- 본문/ 말라기 3:8-10
- 인사/ 반갑습니다, 사랑합니다, 주님의 이름으로 축복합니다.
- 찬송/ 28, 211장
- 신앙고백 (기도)

말씀읽기

8 사람이 어찌 하나님의 것을 도둑질하겠느냐 그러나 너희는 나의 것을 도둑질하고도 말하기
를 우리가 어떻게 주의 것을 도둑질하였나이까 하는도다 이는 곧 십일조와 봉헌물이라 9 너희
곧 온 나라가 나의 것을 도둑질하였으므로 너희가 저주를 받았느니라 10 만군의 여호와가 이
르노라 너희의 온전한 십일조를 창고에 들여 나의 집에 양식이 있게 하고 그것으로 나를 시험
하여 내가 하늘 문을 열고 너희에게 복을 쌓을 곳이 없도록 붓지 아니하나 보라

생각하기/ 피 묻은 십일조

인천에 사는 박순희 자매는 19세 때 조폭 마누라가 되어 포장마차로 장사를 하는 중에 박희용의 전도를 받고 새벽기도를 다니기 시작하였습니다. 새벽기도 시에 십일조의 씨를 뿌려야 축복받는다는 설교를 듣고 십일조를 하겠다고 결심하고 장사하는 중에 십일조를 주머니에 숨겼다가 남편에게 들켜서 죽도록 맞았습니다. 그 뒤에 다시는 십일조를 안하기로 하고 다시 새벽기도를 하는데 "네 남편에게 맞는 것이 무서워 못하느냐 내게 맞는 것은 무섭지 않느냐?" 는 음성이 들렸습니다. 그래서 다시 하기로 하고 새 돈이 들어오면 남편 몰래 접어 팬티 속에 숨겼다가 구역장에게 오라고 해서 팬티 속에 돈을 꺼내 십일조라고 주는데 돈에 피가 묻은 것입니다. 빳빳한 돈이 팬티 속에 들어가니 연한 속살이 찢어져 상처투성이가 된 것입니다. 구역장이 목사님

께 드리며 사연을 말하자 목사님은 주일에 피 묻은 돈을 들고 피 묻은 십일조의 사연을 설명하자 온 교회가 감동받고 그를 위해 기도해 주었습니다. 매달 십일조를 8-10만원 드리던 자가 몇 년 후 매월 천만원이상 십일조를 드리고 감사도 제일 많이 하여 1년 헌금이 1억4천-5천을 드리는 큰 축복을 받았습니다(박희용전도사 간증).

말씀 속으로

1. 십일조는 하나님의 것입니다.

하나님께서는 모든 자연 만물을 창조하신 후 사람에게 관리하며 다스리라고 주셨습니다. 사람은 세상에 태어날 때에 아무 것도 가지고 나온 것이 없습니다. 모두 하나님께로부터 온 것입니다. 땅도 물도 바다도 산과 들도 나무도 씨앗도 모두 하나님이 만들어 주신 것입니다. 우리의 생명까지도 내 것이 아니며 주인은 하나님이십니다. 인간은 하나님께로부터 받은 것을 가지고 살아가고 있습니다. 하나님은 아홉은 우리가 쓰되 하나는 구별하여 하나님께 드리라고 하였습니다. 십일조는 하나님의 것입니다(말3:8).

성경읽기/ 창세기 14:20을 읽고 아브라함이 누구에게 십일조를 드렸는지 말해봅시다.

2. 십일조는 축복의 씨앗입니다.

말라기 선지자 때 이스라엘 백성이 저주를 받은 것은 하나님의 것을 도둑질하였기 때문이라고 하였습니다. 하나님은 십일조를 드려서 하나님이 복을 주나 안주나 시험해 보라고 하셨습니다.

금세기 중에 가장 부자였던 록펠러는 본래 가난하였습니다. 그의 어머니는 어릴 때부터 록펠러에게 십일조 교육을 시켰습니다. 돈이 생기면 오른쪽 주머니는 십일조 주머니로 구별하여 하나님께 드리도록 하였습니다. 그는 어머니의 가르침대로 하였습니다. 그는 한때 광산업에 손을 댔다가 망했습니다. 빚쟁

이들에게 시달려 엎드려 기도하는데 더 깊이 파라는 하나님의 응답을 듣고 사람들이 미쳤다고 조롱했지만 순종하여 더 팠더니 석유가 터져 나왔습니다. 그는 석유 왕이 되어 세계 제일의 거부가 되었습니다. 그는 교회를 5000곳 가까이 세웠고 학교를 430여 곳 세웠으며 대학교를 10여 곳을 세웠습니다. 십일조는 축복의 씨앗입니다.

성경읽기/ 말라기 3:10에서 하나님은 십일조를 드리는 자에게 어떻게 축복하시겠다고 하였는지 말해봅시다.

3. 십일조는 하나님의 주인권을 인정하는 것입니다.

하나님은 무엇이 부족하여 물질을 드리라고 요구하시는 분이 아니십니다. 하늘도 하나님의 것이요 땅도 하나님의 것이며 그 가운데 모든 만물이 하나님의 것입니다. 하나님이 물질을 드리라고 하시는 것은 우리가 하나님을 주인으로 믿는가? 말씀에 순종하는가를 보시기 위함입니다. 하나님의 시험에 합격을 해야 하나님께 인정받고 하나님께 인정받아야 하나님의 것을 맡깁니다. 그러므로 아무리 환경이 어려워도 십일조를 가로채서는 안됩니다. 씨앗을 먹어버리면 거둘 수가 없습니다.

성경읽기/ 갈라디아서 6:7을 읽고 심는 대로 거둔다는 의미에 대하여 서로 나눠봅시다.

나가는 말

불신자들 중에는 교회에서 헌금을 강조한다고 비난을 하는 경우도 있으며 십일조는 구약의 율법이라고 말하는 자들도 있습니다. 그러나 교회에 드리는 헌금은 없어지는 것이 아니고 하늘에 저축하는 것이요 땅에 심는 것입니다. 이는 모두 자신에게 축복으로 돌아오는 것입니다. 예수님도 십일조를 하라고 하였고(마23:23) 보물을 하늘에 쌓으라고 하였습니다(마6:20). 심는데 인색하면 거둘 때 풍성하게 거둘 수 없습니다. 하나님은 반드시 심는 대로 거두게 하십니다(고후9:6-7).

나눔의 시간

1. 오늘 말씀을 통하여 느낀 점을 말해봅시다.
2. 나는 십일조를 안드린 적은 없는지, 또는 헌금드릴 때 아까워한 적은 없었는지 나눠봅시다.

적용하기

오늘 말씀을 생활에 어떻게 적용할까 말해봅시다.

결단 및 합심기도

1. 십일조와 감사생활을 바르게 못한 것이 있으면 회개하고 십일조생활을 바로 할 것을 다짐하며 기도합시다.
2. 우리 구역부흥과 전도 대상자를 위하여 기도합시다.

감사 및 알림

헌금 및 기도, 교회소식, 구역소식, 다음모임, 주기도.

제7과 전도와 축복

- 본문/ 다니엘서 12:1-3
- 인사/ 반갑습니다, 사랑합니다, 주님의 이름으로 축복합니다.
- 찬송/ 496, 508장
- 신앙고백 (기도)

말씀읽기

1 그 때에 네 민족을 호위하는 큰 군주 미가엘이 일어날 것이요 또 환난이 있으리니 이는 개국
이래로 그 때까지 없던 환난일 것이며 그 때에 네 백성 중 책에 기록된 모든 자가 구원을 받을
것이라 2 땅의 티끌 가운데에서 자는 자 중에서 많은 사람이 깨어나 영생을 받는 자도 있겠고
수치를 당하여서 영원히 부끄러움을 당할 자도 있을 것이며 3 지혜 있는 자는 궁창의 빛과 같
이 빛날 것이요 많은 사람을 옳은 데로 돌아오게 한 자는 별과 같이 영원토록 빛나리라

생각하기/ 무디의 술주정뱅이 전도

19세기 미국의 부흥전도자 무디는 하루 한사람에게 꼭 전도하리라는 원칙을 세웠습니다. 그런데 하루는 한사람도 못하고 밤에 잠자리에 들었습니다. 그러나 책임을 다하지 못했다는 자책으로 잠이 오지 않아 다시 옷을 입고 길거리로 나가 밤중까지 전도대상자를 찾다가 한 술주정뱅이를 만나 다짜고짜 예수님을 아시나요? 했더니 술주정뱅이가 버럭 화를 냈습니다. 무디는 그냥 쫓겨 오다시피 돌아왔는데 3개월 후 누가 문을 두드려 열어보니 그때 그 술주정뱅이였습니다. 그는 고백하기를 선생님이 그때 예수님을 아시나요? 하는 말이 귓전에서 떠나지 않아 예수님을 믿기로 했다는 것입니다. 우리가 복음을 전하면 믿게 하시는 분은 하나님이십니다.

말씀 속으로

1. 전도는 사람을 옳은 길로 인도하는 것입니다.

하나님을 떠난 인간은 모두 잘못된 길로 가고 있습니다. 그 길의 끝은 지옥 불속입니다. 그러나 사람들은 알지 못하여 그 길로 갑니다. 전도는 잘못된 길로 가는 사람을 바른 길로 안내하는 것입니다. 지옥 길로 가는 사람들을 천국 길로 인도하는 것입니다. 멸망 길로 가는 사람들을 생명 길로 인도하는 것입니다. 우리 주위에는 아직도 알지 못하여 지옥 불속으로 가고 있는 사람들이 너무도 많습니다. 그들을 구해내야 합니다. 그들을 바른 길로 인도해야 합니다.

전도는 사람을 살려내는 일입니다 세상에서 가장 귀한 것은 생명입니다 주님께서는 한 생명이 천하보다 귀하다고 하셨습니다. 한 생명을 구했을 때 하늘에서 잔치를 베푼다고 하였습니다. 전도는 하나님이 가장 기뻐하시는 일입니다.

성경읽기/ 신명기 30:19을 읽고 사람 앞에 어떤 길이 있으며 하나님은 무엇을 원하시는지 말해봅시다.

2. 전도하면 영원한 복을 받습니다.

하나님께서는 천사를 보내어 다니엘에게 마지막 때에 일어날 일을 알려주고 있습니다. 마지막 때 대환난이 있는데 이는 개국 이래로 없는 환난이라 했습니다. 마태는 이 환란을 창세 이래로 없는 환난이라고 했습니다(마24:21). 그 환란 후에 주님의 재림과 성도의 부활이 있습니다. 하늘나라 생명책에 기록된 자는 구원을 받아 영원한 영생을 누리게 되고 생명책에 이름이 없는 자는 영원한 형벌에 떨어지게 됩니다. 또한 부활 때는 영생을 받을 자와 영원히 수치를 당할 자로 구분이 됩니다.

많은 사람을 전도하여 옳은 데로 돌아오게 한자는 하늘에서 별과 같이 영원토록 빛나게 됩니다. 그러나 생명을 인도하지 못한 사람은 수치를 당하고 영원히 부끄러움을 당하게 됩니다. 전도를 하면 하늘나라에서 영원토록 빛나게 됩니다.

그러나 예수님을 믿음으로 구원을 받은 자라도 전도가 없고 행위가 없으면 부끄러운 구원을 받게 됩니다.

성경읽기/ 고린도전서 3:14-15을 읽고 어떤 구원이 있나 나눠봅시다.

3. 전도자는 이 땅에서도 축복을 받습니다.

예수님께서는 나와 복음을 위하여 모든 것을 버린 자는 현세(이 땅)에서도 백배의 복을 받되 핍박을 겸하여 받고 내세에 영생을 받지 못할 자가 없다고 했습니다(막10:29-30).

중국남방 한마을에 송씨 성을 가진 가난한 교인이 있었습니다. 그 사람이 얼마나 열심히 전도했는지 사람들은 그를 전도라고 별명을 붙였습니다. 그래 그 이름은 송전도가 되었습니다. 그는 가난하여 때때로 금식하면서도 감사하며 부인과 함께 열심히 전도하였습니다. 그에게 다섯 명의 자녀가 있었습니다. 그의 자손들은 중국의 존경받는 인물들이 되었습니다.

큰아들 송자문은 중국 재정 총장이 되었고

장녀는 손문의 처가 되었으며

차녀는 총통 장개석의 처가 되었고

삼녀는 남경 정부수석 공상회의 처가 되었습니다.

하나님은 전도하는 사람과 자손에게 큰 복을 주십니다.

성경읽기/ 마가복음 10:30을 읽고 전도자는 무엇을 각오해야 하는지 나눠봅시다.

나가는 말

전도는 이 땅에서 가장 가치있고 중요한 일입니다. 그러므로 마귀는 전도를 방해합니다. 전도자를 핍박합니다. 그러나 전도하면 100배의 복을 받고 하늘에서는 영원토록 영광을 얻게 됩니다. 핍박을 두려워말고 전도에 우리의 삶을 투자해 봅시다.

나눔의 시간

1. 오늘 말씀을 통하여 느낀 점을 말해봅시다.
2. 전도하다가 겪었던 어려움이나 보람된 일들을 나눠봅시다.

적용하기

오늘 말씀을 생활에 어떻게 적용할까 말해봅시다.

결단 및 합심기도

1. 전도에 열심내지 못한 것을 회개하며 전도할 수 있도록 성령충만함과 열정과 담대함을 달라고 기도합시다.
2. 우리 구역부흥과 전도 대상자를 위하여 기도합시다.

감사 및 알림

헌금 및 기도, 교회소식, 구역소식, 다음모임, 주기도.

제8과 말씀 순종과 축복

- 본문/ 신명기 6:1-3
- 인사/ 반갑습니다, 사랑합니다, 주님의 이름으로 축복합니다.
- 찬송/ 449, 516장
- 신앙고백 (기도)

말씀읽기

1 이는 곧 너희의 하나님 여호와께서 너희에게 가르치라고 명하신 명령과 규례와 법도라 너희
가 건너가서 차지할 땅에서 행할 것이니 2곧 너와 네 아들과 네 손자들이 평생에 네 하나님 여
호와를 경외하며 내가 너희에게 명한 그 모든 규례와 명령을 지키게 하기 위한 것이며 또 네 날
을 장구하게 하기 위한 것이라 3 이스라엘아 듣고 삼가 그것을 행하라 그리하면 네가 복을 받
고 네 조상들의 하나님 여호와께서 네게 허락하심 같이 젖과 꿀이 흐르는 땅에서 네가 크게 번
성하리라

생각하기/ 숨겨진 보물

어떤 왕이 12명의 대신들을 불러놓고 짚으로 만든 망태기를 하나씩 내주면서 앞에 있는 우물의 물을 다 퍼내라고 했습니다. 11명은 말도 안된다며 속으로 웃으면서 하는 척하다가 집으로 가버렸습니다. 그 중 한 명만 왕의 명령대로 날이 어두워질 때까지 계속 하여 깊은 우물물을 길러냈습니다. 망태기를 내렸지만 짚으로 만든 것이라서 담겨지는 물의 양은 아주 조금이었습니다. 그러나 왕의 말씀이니 인내를 가지고 하루, 이틀, 사흘, 계속 퍼내다 보니 짚이 퉁퉁 불어 담겨지는 물의 양도 제법 많아졌습니다. 조금 더 퍼내려가니 우물의 바닥이 드러나기 시작하면서 우물 바닥에서 뭔가 발견되었습니다. 꺼내보니 큰 보물 상자였습니다. 임금님께 갖다드렸더니 '내 명

령에 순종하는 자에게 주는 선물' 이라며 그 신하에게 주었습니다.

말씀 속으로

1. 평생 지켜야 할 법도

하나님께서는 이스라엘 백성이 가나안 땅에 들어가서 행해야할 명령과 규례와 법도를 주셨습니다. 이 말씀들은 하나님의 백성들이 평생 지켜야 할 법도로 하나님은 모세에게 주시고 모세는 이스라엘 백성들에게 전하며 그들로 하여금 자신들이 지켜 행할 뿐만 아니라 자녀들에게 부지런히 가르쳐 지키게 하라고 하였습니다. 이 하나님의 법도를 듣고 지켜 행하면 네가 복을 받아 장수하게 되고 젖과 꿀이 흐르는 땅에서 크게 번성하리라고 하였습니다. 하나님께서 말씀을 지키라고 하신 것은 우리에게 복을 주시기 위함입니다. 구원은 예수 그리스도를 믿음으로 받지만 축복과 상급은 말씀을 행함으로 받습니다.

성경읽기/ 신명기 28:2-4을 읽고 말씀을 순종하는 자에게 약속하신 축복들을 말해봅시다.

2. 경험보다 말씀을 따라야 합니다.

베드로와 안드레가 밤새도록 갈릴리 바다에서 그물을 던져 고기를 잡았습니다. 그런데 한 마리도 잡지를 못했습니다. 바다에서 고기 잡는 것이 직업인 그들에게는 너무나도 허탈했습니다. 그때 예수님이 배에 다가왔습니다. 수많은 무리들이 따라왔습니다. 예수님은 베드로의 배에 올라 무리를 가르치신 후 베드로에게 깊은 데로 가서 그물을 내려 고기를 잡으라고 하였습니다. 이때 베드로는 대답하기를 "우리들이 밤새도록 수고하였으나 잡은 것이 없지만 말씀에 의지하여 그물을 내리겠나이다" 하고 순종하여 그물을 내렸습니다. 그러자 그물이 찢어질 정도로 많은 고기가 잡혔습니다. 베드로는 옆에 있는 사람들에게

도와 달라 하여 고기를 끌어 올렸습니다. 고기가 두 배에 가득 채워졌습니다(눅 5:1-7). 자신의 지식이나 경험보다 말씀에 순종했을 때 축복이 따라 옵니다.

성경읽기/ 여호수아 1:8에서 말씀을 행하는 자에게 어떤 복이 약속되었는가 말해봅시다.

3. 말씀을 읽고 듣고 지켜야 합니다.

말씀은 하늘의 만나요 영혼의 양식입니다. 말씀을 읽고 들을때 영혼이 소성케 되며 우둔한 자는 지혜를 얻게 됩니다. 다윗은 시편 19:7-8에서 말하기를 여호와의 율법은 완전하여 영혼을 소성케 하며 여호와의 증거는 확실하여 우둔한 자로 지혜롭게 여호와의 교훈은 정직하여 마음을 기쁘게 하고 여호와의 계명은 순결하여 눈을 밝게하며... 주의 종이 이를 지키므로 상이 크다고 하였습니다(시19:11). 그러므로 우리는 말씀 읽는 일에 시간을 투자해야 합니다. 그리고 말씀을 들어야 합니다. 듣는 것은 예배시간 설교를 통하여 듣게 됩니다. 말씀을 들음으로 믿음이 자랍니다. 말씀 듣는 시간은 어떤 시간보다 복 있는 시간입니다. 또한 읽고 듣고 말씀을 순종하며 지켜야 합니다. 말씀을 지킬 때 약속된 복이 임하며 기적이 일어나고 큰 상급이 쌓이게 됩니다.

성경읽기/ 시편 1:1-2에서 어떤 자가 복 있는 사람이라고 하였는지 말해봅시다.

나가는 말

말씀은 순종하면 복이 되지만 불순종하면 화가 됩니다. 사무엘은 순종이 제사보다 낫다고 하였고 듣는 것이 수양의 기름보다 낫다고 하였습니다. 사울왕은 말씀을 불순종하므로 버림을 받았습니다. 우리는 말씀중심의 신앙생활을 해야 합니다. 말씀이 하라는 것은 힘들어도 해야 하고 하지 말라는 것은 손해가 되어도 하지 말아야 합니다. 말씀을 순종하므로 약속된 축복을 받아 누리도록 합시다.

나눔의 시간

1. 오늘 말씀을 통하여 느낀 점을 말해봅시다.
2. 말씀을 순종하므로 받은 은혜나 아니면 불순종하므로 당했던 일들이 있으면 나눠봅시다.

적용하기

오늘 말씀을 생활에 어떻게 적용할까 말해봅시다.

결단 및 합심기도

1. 말씀을 불순종했던 일들이 있으면 회개하고 매일 말씀을 읽고 매주 말씀을 듣고 그 말씀을 순종하며 살 것을 기도합시다.
2. 우리 구역부흥과 전도 대상자를 위하여 기도합시다.

감사 및 알림

헌금 및 기도, 교회소식, 구역소식, 다음모임, 주기도.

제9과 사람 낚는 어부

- 본문/ 마태복음 4:18-20
- 인사/ 반갑습니다, 사랑합니다, 주님의 이름으로 축복합니다.
- 찬송/ 515, 502장
- 신앙고백 (기도)

말씀읽기

18 갈릴리 해변에 다니시다가 두 형제 곧 베드로라 하는 시몬과 그의 형제 안드레가 바다에 그
물 던지는 것을 보시니 그들은 어부라 19 말씀하시되 나를 따라오라 내가 너희를 사람을 낚는
어부가 되게 하리라 하시니 20 그들이 곧 그물을 버려두고 예수를 따르니라

생각하기/ 주보를 돌리는 사단장

광림교회 김선도 목사님의 간증입니다. 김 목사님이 군목으로 있을 때 부대 사단장에게 전도를 하였는데 그 사단장이 예수님을 믿게 되었습니다. 그리고 얼마 후 세례를 받고 봉사를 하고 싶은데 무엇을 했으면 좋겠느냐고 목사님께 물었습니다. 목사님은 그 사단장에게 주일날 예배 전에 예배당 앞에서 예배순서지 주보를 나눠 주며 안내하는 일을 하라고 했습니다. 그랬더니 그 장군이 그대로 순종하였습니다. 주일날 장군사단장이 정장을 하고 꾸뻑 꾸뻑 인사를 하고 주보를 나눠주니 부하장병들이 쳐다보고 기절할 정도로 놀랍니다. 부대에서 제일 높은 분이 제일 낮은 자리에서 봉사하는 것을 보고 그 부대 전체가 복음화가 되었다고 합니다.

말씀 속으로

1. 고기 잡는 어부에서 사람 낚는 어부로

베드로는 갈릴리 바다에서 고기 잡는 어부였습니다. 그는 고기를 잡아 시장에 팔아 돈을 벌며 살아가는 평범한 서민 어부였습니다. 어느 날 예수님이 바다 가에 찾아와 베드로와 안드레를 부르십니다. "나를 따라 오너라 내가 너희로 사람 낚는 어부가 되게 하리라." 베드로와 안드레는 예수님의 부름을 받고 배와 그물을 버려두고 예수님을 따라나섰습니다. 그리고 3년 동안 예수님을 따라다니며 배웠습니다. 예수님이 하늘로 승천하신 후 베드로는 사람 낚는 어부가 되었습니다. 베드로가 설교할 때 하루에 3000명이 회개하고 세례를 받았습니다(행2:41).

우리도 주님이 부르셨습니다. 우리도 사람 낚는 어부가 되어야 합니다. 하나님은 사람을 낚는 일을 가장 기뻐하십니다.

성경읽기/ 고린도전서 1:21을 읽고 하나님은 무엇을 통하여 어떤 사람을 구원하시기를 기뻐하신다고 하였는가 말해봅시다.

2. 사람을 낚기 위해서는 먼저 기도해야 합니다.

어부가 고기를 잡으러 가려면 먼저 그물과 낚시 또는 낚시밥(미끼) 등을 준비해야 합니다. 야고보와 요한은 고기를 잡기 위해 그물을 깁고 있다가 주님의 부름을 받았습니다. 고기를 잡기 위해 준비를 하고 있었던 것입니다. 사람을 전도하기 위해서도 준비가 필요합니다. 준비는 먼저 기도하는 것입니다. 기도할 때 하나님이 일하십니다.

불신자인 남편과 사는 아내가 있었습니다. 아내는 남편이 회개하기를 바라는 마음으로 매일 밤 12시만 되면 혼자 골방에 들어가 하나님께 기도하였습니다. 하지만 일 년이 지나도 남편은 달라지지 않았습니다. 아내는 고민하기 시작했습니다. "그만 포기할까? 아니야 하나님께서 내게 약속해 주셨는걸, 그래, 하나님께서 응답해주실 때까지 기도하자."

그날 밤 집에 돌아온 남편은 옷을 갈아입으러 방에 들어간 뒤 잠잠해졌습니다. 아내는 살며시 문을 열어 보았습니다. 뜻밖에도 남편은 무릎을 꿇고 하나님께 자신의 죄를 회개하고 있었습니다. 하나님께서 남편에게 직접 역사하신 것입니다.

우리도 전도 대상자를 정하고 먼저 기도하시기 바랍니다.

성경읽기/ 예레미야 33:3을 읽고 하나님께 부르짖으면 어떻게 하겠다고 하셨는지 말해봅시다.

3. 고기가 있는 곳으로 가야 합니다.

기도하고 준비한 다음에는 현장으로 가야 합니다. 이 세상은 바다와 같고 사람들은 고기와 같습니다. 현장에 나가면 고기가 많이 있습니다. 대신측 총회장을 지낸 동선교회 박재열 목사님은 " 고기가 많다 신난다! 고기 잡으러 가자!" 구호를 외치고 전도하러 가라고 훈련을 시킵니다. 세상바다에 고기가 많습니다. 방안에 있으면 고기가 보이지 않습니다. 현장으로 가야 합니다. 먼저 기도한 대상자를 찾아가서 복음을 전해줘야 합니다. 하나님은 듣든지 아니 듣든지 전하라고 했습니다. 그리고 사람들이 있는 곳으로 가서 만나는 사람들에게 복음을 전해야 합니다. 놀이터로 가든지 공원으로 가든지 가게로 가든지 집으로 가든지 찾아가면 하나님께서 예비된 영혼들을 만나게 하시고 역사해 주십니다.

성경읽기/ 에스겔 3:11에서 하나님은 예레미야에게 뭐라고 했는지 말해봅시다.

나가는 말

예수님을 믿음으로 구원받은 사람이 해야 할 가장 중요한 일은 사람 낚는 어부가 되는 것입니다. 사람을 낚는다는 것은 그 사람을 전도하여 예수 믿게 함으로 살리는 일입니다. 예수님께서는 하늘로 가시기전 마지막으로 너희는 온 천하에 다니며 만민에게 복음을 전하라는 명령을 남기시고 하늘로 가셨습니다. 그러므로 복음전파는 그리스도인들에게 하신 최후의 명령이요 우리가 받은 사명입니다.

나눔의 시간

1. 오늘 말씀을 통하여 느낀 점을 말해봅시다.
2. 나는 지금 사람 낚는 어부의 일을 하고 있는지 또한 올해 몇 사람을 낚을 준비를 하고 있는지 나눠봅시다.

적용하기

오늘 말씀을 생활에 어떻게 적용할까 말해봅시다.

결단 및 합심기도

1. 사람 낚는 일을 게을리 했음을 회개하며 이제부터 열심히 할 것을 다짐하며 기도합시다.
2. 우리 구역부흥과 전도 대상자를 위하여 기도합시다.

감사 및 알림

헌금 및 기도, 교회소식, 구역소식, 다음모임, 주기도.

제10과 와보라 전도(그물전도)

- 본문/ 요한복음 4:28-30
- 인사/ 반갑습니다, 사랑합니다, 주님의 이름으로 축복합니다.
- 찬송/ 500, 510장
- 신앙고백 (기도)

말씀읽기

28 여자가 물동이를 버려두고 동네로 들어가서 사람들에게 이르되 29 내가 행한 모든 일을 내게 말한 사람을 와서 보라 이는 그리스도가 아니냐 하니 30 그들이 동네에서 나와 예수께로 오더라

생각하기/ 전도왕 코로넬 클락의 눈물

전도의 왕 코로넬클락(colonel Clark)은 지독히도 말주변이 없는 사람이었습니다. 그러나 그는 매일 밤 퇴근 후에는 술주정꾼, 좀도둑 등 희망이 없이 살아가는 사람들에게 열심히 전도를 했습니다. 그 결과 매년 5~6백 명의 사람들을 주님께 인도했습니다. 유명한 설교가 토레이(Torrey)박사가 전도의 비결을 물었습니다.
"저는 그들을 진심으로 사랑했습니다. 매일 그들을 위해 기도했습니다. 언젠가 도저히 전도를 할 수 없었던 적이 있었는데, 제가 그들을 위한 기도를 멈췄을 때였습니다. 저는 다시 하나님께 저의 눈물의 기도를 돌려 달라고 기도했었지요." 라고 대답하였습니다. 전도는 영혼을 사랑하는 마음으로 해야 합니다. 예수님의 마음 예수님의 심장을 가지고 그 영혼을 위해 기도하며 사랑하면 때가 되면 열매를 맺습니다.

말씀 속으로

1. 물동이를 버려두고

예수님이 수가라는 성으로 가셨습니다. 그곳에 야곱이 판 우물이 있었습니다. 예수님이 우물가로 갔을 때 한 여인이 물동이를 이고 와서 물을 길었습니다. 예수님은 여인에게 물을 좀 달라고 하였습니다. 여인은 유대사람인 당신이 왜 사마리아인인 나에게 물을 달라고 말을 건네느냐 합니다. 당시 유대사람은 사마리아인과는 말하지 않았습니다. 예수님은 네게 물을 달라한 이가 누구인 줄 알면 네가 그에게 생수를 구하였을 것이요 그가 네게 생수를 주었으리라 하시며 이물을 마시는 자는 다시 목마르려니와 내가 주는 물을 마시는 자는 영원히 목마르지 아니하리라 하시니 여인은 그런 물을 내게 달라고 합니다. 예수님은 그 여인의 남편을 불러오라 하니 여인은 남편이 없다고 대답합니다. 그러자 예수님은 네가 다섯 명의 남편이 있었고 지금 있는 자도 네 남편이 아니니 네 말이 옳다고 합니다. 이 말을 들은 여인은 예수님을 선지자로 알고 우리는 메시야를 기다린다고 하며 그가 오시면 모든 것을 우리에게 알려주실 것이라고 합니다. 그때 예수님은 내가 그 메시아라고 자신을 밝혔습니다. 여인은 예수님을 만난 후 물동이를 버려두고 마을로 달려가 전도하기 시작했습니다. 예수님을 만난 자는 전도하지 않을 수 없습니다.

성경읽기/ 로마서 1:16을 읽고 바울은 왜 복음을 부끄러워하지 않는다고 하였는지 말해봅시다.

2. 와보라 (와서 보라) 전도

사마리아 여인은 외롭고 고달픈 여인이었습니다. 여섯 번째 남자와 만나 살고 있지만 그도 남편이 아니라고 하였습니다. 그런 그가 예수님을 만나고 마을에 들어가 와보라! 와보라! 내가 만난 그분을 와보라 메시아가 오셨다 와보라고 외칩니다. 사람들의 시선을 피하기 위해 해질 무렵 물을 길으러 갔던 여인이 이제 부끄러움도 없습니다. 두려움도 없습니다. 마음속에 기쁨의 생수가 솟아납니다. 이것이 예수님을 만난 사람의 삶의 변화입니다. 사마리아 사람들은 여인의 전도를 받고 많은 사람이 예수님께로 나왔습니다. 그리고 그들도 예수님의 말씀을 듣고 예수님을 믿게 되었습니다(요4:42).

성경읽기/ 요한복음 4:42을 읽고 여인의 전도를 받고 온 사람들이 어떻게 되었는지 말해봅시다.

3. 와보라 전도와 총동원 전도

와보라 전도는 오늘의 총동원 전도와 비슷합니다. 교회에서 총동원 주일이나 예수생명잔치 또는 해피데이, 선데이축제, 새 생명 초청 잔치 등 교회에 맞게 다양한 타이틀을 붙여 총동원 전도를 합니다. 이때는 초대권을 만들어 돌리며 와보라! 와보세요! 한번 꼭 와보시라고 전도합니다. 그래서 축제날 수많은 사람들을 불러 모아 예수를 전합니다. 사람들의 마음을 끌기 위하여 선물도 준비합니다. 예산도 많이 투자를 합니다. 생명을 구원하는 일에 온 교회가 힘을 모아 전도를 합니다. 우리도 "와보라!" 전도를 해야 합니다. 와서 말씀을 듣게 해야 합니다. 말씀을 들어야 믿음이 생깁니다. 와보라 전도는 그물전도와 같습니다. 바다에 그물을 치면 많은 고기가 그물에 들어옵니다. 그중에는 쓸모없는 것들도 있습니다. 그물을 끌어 올린 후 좋은 것과 나쁜 것을 갈라냅니다. 총동원전도를 하면 가라지도 들어오고 쭉정이도 들어옵니다. 일단 모아 놓고 알곡과 쭉정이를 갈라내야 합니다.

성경읽기/ 누가복음 15:8에서 잃은 드라크마를 찾기 위해 주인은 어떻게 하여 찾는다고 했는지 말해봅시다.

나가는 말

전도는 다양한 방법이 있습니다. 와보라 전도는 성경적인 전도 방법 중 하나입니다. 우리는 생명을 구원할 수 있는 좋은 방법이라면 다 동원하여 생명구원 하는 일을 해야 합니다. 여기에 기도와 정성 물질도 투자해야 합니다. 생명 살리는 일에 투자하는 것은 가장 가치 있는 투자입니다.

나눔의 시간

1. 오늘 말씀을 통하여 느낀 점을 말해봅시다.
2. 총동원 전도 때의 어려운 점들이 있었는지 말해보고 지금까지 총동원 새생명축제 때 몇 명이나 데리고 왔는지 나눠 봅시다.

적용하기

오늘 말씀을 생활에 어떻게 적용할까 말해봅시다.

결단 및 합심기도

1. 수가 성 여인처럼 예수님을 만난 기쁨이 회복되고 전도의 열정이 회복되길 기도합시다.
2. 우리 구역부흥과 전도 대상자를 위하여 기도합시다.

감사 및 알림

헌금 및 기도, 교회소식, 구역소식, 다음모임, 주기도.

제11과 관계전도

- 본문/ 요한복음 1:41-47
- 인사/ 반갑습니다, 사랑합니다, 주님의 이름으로 축복합니다.
- 찬송/ 520, 521장
- 신앙고백 (기도)

말씀읽기

41 그가 먼저 자기의 형제 시몬을 찾아 말하되 우리가 메시야를 만났다 하고 (메시야는 번역하
면 그리스도라) 42 데리고 예수께로 오니 예수께서 보시고 이르시되 네가 요한의 아들 시몬이
니 장차 게바라 하리라 하시니라 (게바는 번역하면 베드로라) 43 이튿날 예수께서 갈릴리로 나
가려 하시다가 빌립을 만나 이르시되 나를 따르라 하시니 44 빌립은 안드레와 베드로와 한 동
네 벳새다 사람이라 45 빌립이 나다나엘을 찾아 이르되 모세가 율법에 기록하였고 여러 선지
자가 기록한 그이를 우리가 만났으니 요셉의 아들 나사렛 예수니라 46 나다나엘이 이르되 나
사렛에서 무슨 선한 것이 날 수 있느냐 빌립이 이르되 와서 보라 하니라

생각하기/ 혹시 교회 다니세요?

한 성도가 전도를 하기 위해서 부단히 노력하였지만 전도가 되지 않았다. 그는 고심하면서 기도하였다. 그 때에 성령님께서 "무작정 아무나 붙들고 예수 믿으라고 할 것이 아니라 지역 사회에 가서 봉사하라."는 감동을 주셨다. 그 때부터 그는 지역 봉사회에 가입했다. 그리고 예수님을 말하지 않았지만, 열심히 기쁜 마음으로 봉사를 하였다. 그런 어느 날 이웃집에 사는 아주머니 한사람이 찾아왔다. "혹시 교회에 나가세요. 저도 교회에 다니고 싶어요." 너무 기쁘고 감격하여 그 이유를 물었다. "봉사활동을 할 때에 아주머니의 얼굴을 보면 항상 기쁨이 넘쳐 있어요. 그래서 나도 이분을 닮

으려면 교회에 다녀야겠다는 결심을 하게 되었지요."

말씀 속으로

1. 전도할 대상을 찾아야 합니다.

본문에는 두 사람의 전도장면이 나옵니다. 하나는 안드레의 전도요 하나는 빌립의 전도입니다. 안드레는 세례요한의 제자였습니다. 요한이 예수님이 메시야임을 전하자 그 뒤 예수님을 따라갔습니다. 예수님을 만난 안드레는 맨 먼저 그의 형제인 베드로를 찾아가 전도하여 예수님께 데리고 갔습니다. 동생이 형을 전도한 것입니다.

관계전도는 먼저 전도할 대상을 찾아야 합니다. 전도대상 중 일 순위는 가족입니다. 가족은 가장 가까이 있는 전도대상이지만 또한 전도하기가 쉽지 않습니다. 부모 자녀 아내 남편 형제 등 가족은 꼭 구원받아야 할 대상입니다. 관계전도는 말로만 해서는 안됩니다. 본이 되고 빛이 되고 희생이 따라야 합니다.

성경읽기/ 로마서 9:1-3에서 바울은 마음에 큰 근심과 고통이 있다고 하였는데 그 근심과 고통이 무엇 때문이었는지 말해봅시다.

2. 아들의 죽음과 전도

어느 초등학생이 예수님을 믿게 되었는데 자기만 믿어서는 안되겠기에 먼저 아버지를 전도했습니다. 아버지는 아들이 교회 가자고 졸라댈 때마다 적당히 대응해서 그 시간을 넘기곤 했습니다. 그러던 어느 날, 아들이 교통사고로 세상을 떠나게 되었습니다. 아들이 떠난 뒤 한참이 지나도록 슬픔에서 벗어날 수 없었던 이 아버지는 아들 방에 들어가 아들의 유품을 만져보는 것으로 낙을 삼으며 하루하루를 지냈습니다. 아들의 일기장을 보던 어느 날 그 아버지의 삶을 180도 바꿔놓을 만한 문구를 발견하게 되었습니다. 익숙한 필체 너머로 아들은 아버지를 위해 이렇게 기도하고 있었습니다. “하나님, 우리 아빠 꼭 예수님 믿게 해주세요. 우리 아빠가 예수를 믿기 위해서 제가 죽기를 원하신다면 저는 죽어도 좋습니다.” 결국 이 글을 본 아버지는 예수님 앞에 무릎을 꿇었습니다. 이 사람이 지난 반세기 동안 세계의 젊은이들을 주님의 품으로 인도했던 국제대학생선교회의 부총재 스티브 셀러스입니다.

어린 아들의 아버지 전도가 죽음으로 열매를 맺게 되었습니다.

성경읽기/ 요한복음 12:24을 읽고 말씀의 의미를 말해봅시다.

3. 빌립은 친구를 전도하였습니다.

예수님은 빌립을 불렀습니다. 예수님을 만난 빌립은 친구 나다나엘을 찾아갔습니다. 그리고 예수님을 전했습니다. 나다나엘이 믿지 않자 와서 보라며 예수님께 데리고 갔습니다.

관계전도 대상은 친구와 친척 이웃에서 찾습니다. 그리고 그들을 위해 기도해야 합니다.

죠지 뮬러는 그의 친구 다섯 명의 구원을 위해서 계속 기도했는데, 그 중에 끝까지 믿지 않는 한 친구가 있었습니다. 무려 52년간을 기도했지만 뮬러가 마지막 죽기까지 예수를 믿지 않았습니다. 뮬러가 죽은 후 그 친구는 뮬러가 자기의 영혼을 위해서 52년간이나 기도했다는 소식을 들었을 때 눈물을 흘리며 예수를 영접했습니다. 그 후 그 친구는 영국 전역을 순회하면서 이런 간증을 하였습니다. “여러분 뮬러 목사의 기도는 다 응답되었습니다. 그 최후의 응답이 바로 여기에 서 있습니다. 당신의 모든 기도는 응답됩니다.

성경읽기/ 요한복음 14:13을 읽고 주님이 왜 기도에 응답해 주신다고 약속 하였는지 말해봅시다.

나가는 말

현대전도의 가장 효과적인 방법은 관계전도입니다. 관계전도는 나와 관계된 사람들을 전도하는 것입니다. 그러기 위해서는 관계를 잘 맺어야 합니다. 그리스도인들은 전도를 위하여 이웃사람들과 계속 관계를 맺어가야 합니다. 그리고 그들을 섬기며 사랑을 실천해야 합니다. 이제는 말로만 하는 전도보다는 삶을 통해서도 전도가 이루어져야 합니다.

나눔의 시간

1. 오늘 말씀을 통하여 느낀 점을 말해봅시다.
2. 나는 가정과 직장과 동네에서 어떤 사람들을 어떻게 섬기며 관계를 맺고 있는지 나눠봅시다.

적용하기

오늘 말씀을 생활에 어떻게 적용할까 말해봅시다.

결단 및 합심기도

1. 주위 사람들과 관계를 잘 맺지 못한 것들이 있으면 이제부터 관계를 잘 맺고 섬겨서 전도할 것을 기도합시다.
2. 우리 구역부흥과 전도 대상자를 위하여 기도합시다.

감사 및 알림

헌금 및 기도, 교회소식, 구역소식, 다음모임, 주기도.

제12과 복음에 빚진 자

- 본문/ 로마서 1:14-16
- 인사/ 반갑습니다, 사랑합니다, 주님의 이름으로 축복합니다.
- 찬송/ 505, 523장
- 신앙고백 (기도)

말씀읽기

14 헬라인이나 야만인이나 지혜 있는 자나 어리석은 자에게 다 내가 빚진 자라 15 그러므로 나
는 할 수 있는 대로 너희에게도 복음 전하기를 원하노라 16 내가 복음을 부끄러워하지 아니하
노니 이 복음은 모든 믿는 자에게 구원을 주시는 하나님의 능력이 됨이라 먼저는 유대인에게요
그리고 헬라인에게로다

생각하기/ 빚과 자살

① 2008년 10월 8일, 노원구 하계동의 주택가 골목 자신의 승용차 안에서 탤런트 안재환 씨가 연탄을 피워 자살을 했습니다. 자살 이유는 눈더미처럼 불어가는 사업 부채에 대한 압박감 때문이라고 합니다.

② 2011년 8월 17일, 청주시의 한 아파트 13층에서 46세의 가장이 주식 투자를 하다 빚을 진 일로 투신자살을 했습니다. 그가 남긴 유서에는 이런 결과를 보려고 주식 투자를 했던 게 아닌데 아이들에게 미안하다. 는 내용이 적혀 있었습니다.

③ 2011년 4월 6일, 경기 고양시청 소속 공무원 30대의 유씨가 사귀던 여성의 빚보증을 서줬다가 돈을 갚지 않아 빚 독촉에 시달려 자신을 비관하여 경의선 철로 열차에 뛰어들어 자살하였습니다. 이들은 모두 빚 때문에 죽음의 길을 택했습니다.

말씀 속으로

1. 우리는 복음의 빚을 졌습니다.

바울사도는 자신을 복음의 빚진 자라고 하였습니다. 복음을 듣고 구원 받은 사람은 모두 복음의 빚을 진 것입니다. 우리나라는 외국의 선교사들에게 복음을 받았습니다.

서울 합정동에 가면 한강변에 양화진이 있습니다. 거기에 절두산이 있고 그 뒤쪽으로 외국인 선교사들의 묘비가 있습니다. 복음을 전하다가 순교한 395명의 외국인 선교사들이 묻혀있는 곳입니다. 많은 선교사들이 우리나라에 와서 복음을 전하다가 죽었습니다. 가난한 나라에 와서 피를 흘리며 교회당을 짓고 학교와 병원을 지어주며 복음 때문에 갖은 핍박을 당하며 우리나라를 사랑하다가 죽어간 사람들이다. 그 중 캔드릭 선교사의 묘비에는 "나에게 천의 생명이 주어진다 해도 그 모두를 조선에 바치리라" 고 쓰여 있습니다.

선교사들은 헐벗고 굶주리고 가난한 우리조선을 위해 복음을 전하며 죽었습니다. 저들의 순교의 피 위에 한국교회가 세워지고 부흥되었습니다.

성경읽기/ 마가복음 16:15을 읽고 예수님은 어디 가서 누구에게 복음을 전하라고 하였는지 말해봅시다.

2. 빚은 갚아야 한다.

우리가 세상을 사는 동안 빚 없이 살고 싶지만 사업에 어려움을 겪거나 주택을 구입하거나, 자녀 양육 등 여러 가지 이유 때문에 빚을 지는 경우가 있습니다. 빚을 지면 크든 작든 빚으로 인해 온갖 스트레스와 고통에 시달리기 마련입니다. 빚 때문에 심적 부담을 견디지 못해 목숨까지도 내던지는 사람들이 많습니다. 빚을 지고 갚지 않으면 신용불량자가 될 뿐만 아니라 계속 빚 독촉을 받으며 사회에게 불이익을 당하게 됩니다. 우리나라는 신용불량자가 300만이 넘어섰습니다. 돈으로 빚을 졌으면 돈으로 갚아야 합니다. 사랑의 빚을 졌으면 사랑으로 갚아야 합니다. 복음의 빚을 졌으면 복음을 전하므로 갚아야 합니다. 갚지 아니하면 사기꾼이 되고 맙니다. 사기꾼은 형을 받게 됩니다.

성경읽기/ 고린도전서 9:16을 읽고 바울사도는 복음을 전하지 아니하면 어떻게 될 것이라고 하였는지 말해봅시다.

3. 복음을 전해야 합니다.

바울은 복음의 빚을 갚기 위해 로마에 가겠다고 하였습니다. 그는 로마인에게 복음을 받지 않았습니다. 그러나 그는 헬라인이나 야만인이나 지혜자나 어리석은 모든 자에게 빚을 졌다고 했습니다. 우리도 우리에게 복음을 전해준 사람에게 빚을 졌을 뿐만 아니라 모든 사람에게 빚을 졌습니다. 그러므로 모든 사람에게 빚진 자의 심정으로 빚을 갚으며 살아야 합니다. 교회 주변과 우리집 주변에서 전도를 하여 복음의 빚을 갚아야 하고 선교사들에게 빚을 졌으니 선교도 해야 합니다. 우리를 대신하여 선교사를 보내면 기도와 물질로 거기에 동참해야 합니다. 선교사들이 들어가면 먼저 의식주와 활동비 등 물질이 있어야 합니다. 바울도 브리스가와 아굴라로부터 물질의 도움을 받았고 또한 마게도냐 여러 교회들로부터 선교헌금을 받아서 복음을 전하였습니다.

성경읽기/ 로마서 16:4에서 브리스가와 아굴라는 바울을 위해 무엇까지도 내놓았다고 하였나요?

나가는 말

바울은 빚진 자의 심정, 빚을 갚겠다는 심정으로 온 세상을 다니면서 복음을 전하였습니다. 바울은 이 빚을 갚는 일에 생명을 걸었습니다. 복음 전하는 일을 마치려하면 자신의 생명을 조금도 귀한 것으로 여기지 아니한다고 하였습니다(행20:24). 그는 이 복음을 전하다가 순교하였습니다.

우리도 빚을 졌습니다. 우리도 생명 다하는 날까지 빚진 자의 심정으로 빚 갚는 삶을 살다가 주님나라에 가는 자들이 됩시다.

나눔의 시간

1. 오늘 말씀을 통하여 느낀 점을 말해봅시다.
2. 빚 때문에 스트레스를 받고 어려움을 겪은 일이 있는가, 왜 빚을 갚아야 하는지 이야기해봅시다.

적용하기

복음의 빚을 어떻게 갚을 것인가에 대하여 말해봅시다.

결단 및 합심기도

1. 복음의 빚을 지고도 갚지 않고 있어 신용불량자가 아닌지 돌아보며 빚 갚는 마음으로 복음전하며 살 것을 기도합시다.
2. 우리 구역부흥과 전도 대상자를 위하여 기도합시다.

감사 및 알림

헌금 및 기도, 교회소식, 구역소식, 다음모임, 주기도.

제13과 작은 일에 충성하라

- 본문/ 마태복음 25:23-25
- 인사/ 반갑습니다, 사랑합니다, 주님의 이름으로 축복합니다.
- 찬송/ 330, 338장
- 신앙고백 (기도)

말씀읽기

23 그 주인이 이르되 잘하였도다 착하고 충성된 종아 네가 적은 일에 충성하였으매 내가 많은
것을 네게 맡기리니 네 주인의 즐거움에 참여할지어다 하고 24 한 달란트 받았던 자는 와서 이
르되 주인이여 당신은 굳은 사람이라 심지 않은 데서 거두고 헤치지 않은 데서 모으는 줄을 내
가 알았으므로 25 두려워하여 나가서 당신의 달란트를 땅에 감추어 두었었나이다 보소서 당신
의 것을 가지셨나이다

생각하기/ 슈바이처박사

슈바이처 박사는 병들어 죽어가는 아프리카인들을 보고 의학 공부를 시작했습니다. 그는 사상가요, 신학자요, 음악가로서 존경받는 인물이었으나 아프리카의 미개한 흑인들을 돕기 위해 아프리카에 병원을 개설했습니다. 그의 헌신적 노력에 77세에 노벨평화상을 받았습니다. 그는 받은 상금을 가지고 나환자촌을 세워 많은 이들을 도왔습니다. 슈바이처에게 한 청년이 찾아왔습니다. "저도 아프리카에서 박사님처럼 훌륭한 일을 하고 싶습니다." 슈바이처는 그를 받아주며 일을 시켰습니다. 땔감나무를 해오고, 물을 길어 오고, 청소하는 일이었습니다. 일을 하다가 싫증이 난 청년이 따지듯 물었습니다. "저는 박사님처럼 훌륭한 일을 하러 왔지, 장작이나 패고 물이나 긷고 청소나 하려고 온 것이 아닙니다." 그러자 슈바이처는 작은 일에 헌신하려는 마음이

갖춰져 있지 않다면 큰 봉사를 할 수 없다며 돌려보냈습니다.

말씀 속으로

1. 하나님은 충성된 자를 찾으십니다.

충성이란 뜻은 '신실함, 믿음' 이란 뜻이며 '충성되다' 는 것은 '믿을 만하다 신실하다' 는 뜻입니다.

영어로는 페이스풀(faithful)이란 말을 씁니다. 'faith' 는 믿음이라는 말입니다. 충성된 자는 믿음직스러운 자입니다. 헬라어로 '충성' 이란 말은 '피스토스' 라고 하는데 '진실, 신실, 미쁘다, 충실' 등의 뜻이 있습니다. 한문으로는 '충성' 에서 '충(忠)' 은 가운데 중(中) 자와 마음 심(心)이 합한 것으로서 마음 중심을 의미하며, '성(誠)' 은 말씀 언(言)과 이룰 성(成)이 합친 것으로 자신이 말한 그대로 사는 사람 즉, 신실한 사람이란 뜻입니다.

그러므로 충성된 사람은 진실한 사람, 믿을 만한 사람입니다. 무슨 일을 하든지 변함없이 마음 중심으로 진실하게 하는 사람이 충성된 자입니다. 그리스도인들은 충성된 자들이 되어야 합니다.

성경읽기/ 잠언 28:20을 읽고 어떤 자가 복이 많다고 하였는지 말해봅시다.

2. 작은 일에 충성해야 합니다.

사람들은 화려하고 인정받고 나타나는 일에는 서로 하려고 합니다. 그러나 아무도 알아주지 아니하고 드러나지 않는 일은 관심을 두지 않습니다. 주님은 각자에게 달란트를 맡겼습니다. 다섯 달란트 받은 종과 두 달란트 받은 종들은 열심히 일했습니다. 그래서 갑절로 이익을 남겼습니다. 주님은 그들은 작은 일에 충성하였으니 많은 것을 맡기겠다고 하셨습니다. 그러나 한 달란트 맡은 종은 하나라고 가볍게 여기고 일하지 않고 묻어 두었습니다. 주님은 이를 악하고 게으른 종이라고 책망하고 있는 것까지 빼앗고 그를 바깥 어두운 데로 내 쫓으라고 하였습니다. 그는 적은 것 작은 일이라고 소홀히 한 사람입니다. 그리스도인들은 작은 일에 충성해야 합니다.

성경읽기/ 누가복음 16:10을 읽고 작은 것에 충성한 자와 불의한 자는 어떤 자인가 나눠봅시다.

3. 궂은 일에 충성하라.

평북 정주 한동네에 한 청년이 살았습니다. 그는 집이 가난하여 남의 집에서 머슴살이를 하였지만 자신의 처지를 비관하지 않고 열심히 일을 하며 매일같이 주인의 요강을 깨끗이 닦곤 했습니다. 모든 일을 성실하게 감당하는 모습을 본 주인은 이 청년이 머슴살이를 하기에는 너무 아깝다고 생각을 하여 그에게 학자금을 대주며 오산학교를 보냈습니다. 오산학교 졸업 후에는 평양에 있는 숭실학교에 보내 공부를 시켰습니다. 그 청년은 숭실학교를 졸업하고 고향으로 내려와 오산학교 선생님이 되었습니다. 이 청년이 바로 독립운동가인 조만식 선생이었습니다. 조만식 선생은 제자들이 인생의 성공 비결을 물을 때마다, 항상 "여러분이 사회에 나가거든, 요강을 닦는 사람이 되십시오!" 라고 하였습니다. 사람들은 남이 알아주는 일은 열심히 하려고 하지만 궂은 일은 회피하려고 합니다. 하나님은 궂은 일에 충성하는 자를 귀히 쓰십니다.

성경읽기/ 마태복음 25:23에서 주님은 어떤 자에게 많은 것을 맡기신다고 하였나요?

나가는 말

미국의 투스캐기 대학교의 총장이었던 부커 와싱톤은 세계에서 가장 위대한 사람들 중의 한 사람입니다. 그러나 그가 젊었을 때는 흑인이 대학 교육을 받기란 매우 어려웠습니다. 그는 흑인을 받아주는 대학이 있다는 말을 듣고 그 대학이 찾아갔으나 이미 마감되었습니다. 그의 딱한 사정을 들은 학교책임자는 그에게 그 대학 기숙사에서 청소하는 일을 맡겼습니다. 그는 그 일을 열심히 했습니다. 학교 당국은 그의 충실함을 보고 후에 학생으로 받아주었습니다.

사람은 작은 일과 작은 것에 소홀하거나 무시하기가 쉽습니다. 작은 것을 놓치면 큰 것도 잃게 되며, 작은 일 궂은일에 충성하면 하나님은 큰 것을 맡기십니다.

나눔의 시간

1. 오늘 말씀을 통하여 느낀 점을 말해봅시다.
2. 나는 작은 일을 소홀히 한 적은 없는가? 또한 작은 일을 소홀히 하여 큰일을 놓친 적은 없는가? 나눠봅시다.

적용하기

오늘 말씀을 생활에 어떻게 적용할까 말해봅시다.

결단 및 합심기도

1. 작은 일, 궂은 일에 앞장 설 것을 다짐하며 기도합시다.
2. 우리 구역부흥과 전도 대상자를 위하여 기도합시다.

감사 및 알림

헌금 및 기도, 교회소식, 구역소식, 다음모임, 주기도.

제14과 맡은 일에 충성하라

- 본문/ 고린도전서 4:1-2, 잠언 25:13
- 인사/ 반갑습니다, 사랑합니다, 주님의 이름으로 축복합니다.
- 찬송/ 216, 595장
- 신앙고백 (기도)

말씀읽기

1 사람이 마땅히 우리를 그리스도의 일꾼이요 하나님의 비밀을 맡은 자로 여길지어다 2 그리
고 맡은 자들에게 구할 것은 충성이니라

잠25:13 충성된 사자는 그를 보낸 이에게 마치 추수하는 날에 얼음냉수 같아서 능히 그 주인의 마음을 시원하게 하느니라

생각하기/ 충성

런던의 워커 미술관에는 콘트러 라는 화가가 그린 유명한 그림이 있습니다. 그 그림은 폼페이라는 도시가 베스비우스 화산의 폭발로 인해 그 화산재에 묻혀 전멸 당하는 비참한 모습을 그린 것이었습니다. 화산재와 용암이 비와 눈처럼 폼페이 성에 내렸습니다. 사람들은 화산재와 불을 피해 성 밖으로 몰려 나갔습니다. 이들로 인해 대혼란이 야기되었습니다. 이 혼란 속에서도 성문 곁에서 묵묵히 서있는 사람이 하나 있습니다. 그는 그 성의 문지기입니다. 뜨거운 화산재와 불이 우박처럼 쏟아지는 상황 속에서도 성문을 지켜야 하는 자신의 사명에 충성하고자 그는 성문 곁에 서서 죽음을 기다리고 있는 것입니다. 그 그림의 제목은 바로 "충성" 이라고 붙여져 있습니다.

충성은 죽음 앞에서도 자신의 책임을 다하는 것입니다.

말씀 속으로

1. 주님께서는 각자에게 일을 맡겼습니다.

마태복음 25장에 '달란트 비유'가 나옵니다. 주님께서는 각자에게 다섯 달란트와 두 달란트와 한 달란트를 맡겼습니다(마25:15).

교회에는 여러 가지 직분이 있습니다. 장로, 권사, 집사, 교사, 구역장, 권찰, 찬양대, 또는 차량사역, 청소사역, 안내사역, 식당 봉사사역 등 교회에서 해야 할 일들을 맡겼습니다. 우리는 주인되시는 주님으로부터 일을 맡은 일꾼들입니다. 교회에서 일을 맡은 자들은 하나님나라의 일꾼들입니다. 예수그리스도의 왕국의 일꾼들입니다. 하나님나라의 일을 하는 자들을 바울사도는 하나님의 동역자라고 하였습니다(고전3:9). 우리는 하나님나라의 일을 맡은 일꾼들로서 자부심을 가지고 일해야 합니다.

성경읽기/ 에베소서 4:11에는 예수님이 세우신 직분들이 나옵니다. 어떤 직분들이 나오는지 말해봅시다.

2. 맡은 일에 충성해야 합니다.

미국의 카터가 대통령 출마를 위해 선거유세를 할 때도 주일만 되면 조지아주에 있는 고향 작은 교회에 가서 아이들을 가르쳤습니다. 그는 23년 동안 한 주도 빠짐없이 맡은 반 아이들을 가르쳤습니다. 그는 대통령 임기를 마친 후 지금도 주일학교 교사를 하고 있다고 합니다.

우리는 어떤 일을 맡았든지 그 맡은 일에 충성해야 합니다. 주님께서는 자기에게 맡겨진 일에 충성하기를 원하십니다. 그 일이 큰 일이든지 작은 일이든지 맡겨진 일을 성실하게 감당하는 사람을 찾으십니다. 주님께서는 맡겨준 일에 우리가 충성을 다하고 있느냐, 그렇지 않느냐를 보시는 것입니다.

교사는 가르치는 일에 충성을 다해야 하고 학생은 공부하는 일에 충실해야 하며 제직은 각 부서에서 제직으로 섬기는 일에 충성을 다해야 합니다. 또한 가정주부는 주부로서, 회사 사원은 사원으로서, 근로자는 근로자로서 내가 맡은 일이 크든 작든 귀하든 천하든 맡은 일에 충성해야 합니다. 우리가 맡은 일에 충성할 때 주인의 마음을 시원케 하며 또한 우리의 주인되시는 하나님의 마음을 시원케 해드리는 것이 됩니다.

성경읽기/ 고린도전서 4:1-2에서 사람들은 우리를 누구로 여긴다고 하였나요?

3. 감사함으로 충성해야 합니다.

우리가 주님의 교회에 일을 맡은 것은 큰 영광이요 축복입니다. 바울사도는 고백하기를 "나를 능하게 하신 그리스도 예수 우리 주께 내가 감사함은 나를 충성되게 여겨 내게 직분을 맡기심이니" (딤전 1:12)라고 했습니다.

우리는 하나님의 일을 맡을 만한 아무런 조건도 없고 자격도 없습니다. 실력도 없습니다. 그런데도 우리에게 직분을 맡기시고 일을 맡기신 것은 우리를 충성되게 여겨 주셨기 때문입니다. 그래서 바울은 감사한다고 고백했습니다. 우리도 감사함으로 충성해야 합니다. 어떤 사람은 일은 열심히 하는데 항상 입에는 불평을 달고 사는 사람이 있습니다. 또는 다른 사람을 원망하며 비판하며 일하는 사람도 있습니다. 일하면서 불평하면 상급이 사라집니다.

성경읽기/ 시편 101:6에서 하나님은 누구를 살피고 어떻게 하신다고 하였나요?

나가는 말

하나님은 이 시대에도 충성된 자를 찾으십니다. 충성된 자를 살펴 하나님과 함께 살게 하리라 하십니다.

우리는 어떤 일을 맡았든지 그 일에 성실하고 충성해야 합니다. 하나님은 많이 맡았느냐 적게 맡았느냐 큰 것을 맡았느냐 작은 것을 맡았느냐를 묻지 않고 맡은 일에 충성을 다했느냐를 물으십니다.

최선을 다해 일했지만 기대만큼의 결과를 얻지 못할 때가 있습니다. 그러나 하나님은 최선을 다하기를 원하십니다. 씨앗을 뿌리면 언제나 수확이 있는 법입니다. 선한 씨를 뿌리면 언젠가 반드시 선한 열매를 얻을 수 있습니다.

나눔의 시간

1. 오늘 말씀을 통하여 느낀 점을 말해봅시다.
2. 나는 지금 내가 맡은 일에 몇% 정도로 충성하고 있는지 나눠봅시다.

적용하기

오늘 말씀을 생활에 어떻게 적용할까 말해봅시다.

결단 및 합심기도

1. 내가 맡은 일에 최선을 다해 충성하지 못한 것을 회개하며 이제부터 주어진 일에 충성할 것을 다짐하며 기도합시다.
2. 우리 구역부흥과 전도 대상자를 위하여 기도합시다.

감사 및 알림

헌금 및 기도, 교회소식, 구역소식, 다음모임, 주기도.

제15과 하나님의 집에서 충성하라

- 본문/ 히브리서 3:2-6, 민 12:7
- 인사/ 반갑습니다, 사랑합니다, 주님의 이름으로 축복합니다.
- 찬송/ 315, 450장
- 신앙고백 (기도)

말씀읽기

2 그는 자기를 세우신 이에게 신실하시기를 모세가 하나님의 온 집에서 한 것과 같이 하셨으니
3 그는 모세보다 더욱 영광을 받을 만한 것이 마치 집 지은 자가 그 집보다 더욱 존귀함 같으니
라 4 집마다 지은 이가 있으니 만물을 지으신 이는 하나님이시라 5 또한 모세는 장래에 말할
것을 증언하기 위하여 하나님의 온 집에서 종으로서 신실하였고 6 그리스도는 하나님의 집을
맡은 아들로서 그와 같이 하셨으니 우리가 소망의 확신과 자랑을 끝까지 굳게 잡고 있으면 우
리는 그의 집이라

민12:7 내 종 모세와는 그렇지 아니하니 그는 내 온 집에 충성함이라

생각하기/ 10년의 화장실 청소

상계동에 있는 모 교회의 헌당예배에서 칠순 되신 할아버지가 특별 감사패를 받았습니다. 담임 목사님이 감사패를 주면서 설명하기를 그 분은 교회 설립부터 지금까지 10년간을 한 주간도 거르지 않고 매주일마다 교회에 와서 화장실 청소를 하였다고 했습니다. 목사님이 중간에 칭찬을 한 번도 하지 않았지만 누가 알아주거나 말거나 개의치 않고 주님의 교회에서 봉사하는 것을 최고의 기쁨으로 여기면서 청소를 해왔다고 합니다. 교회의 화장실은 더러워질 틈이 없이 항상 유리알처럼 깨끗하였고 은혜의 분위기를 만드는데 일조를 하였습니다. 그 때문에 감사패를 받았습니다. 아름

다운 교회는 저절로 만들어지지 않고 궂은 일도 마다하지 않고 충성하는 사람들이 있을 때 만들어집니다.

말씀 속으로

1. 모세는 하나님의 집에서 충성하였습니다.

하나님의 집은 구약에서는 성막 성전을 가리켜 하나님의 집이라고 하였습니다. 다윗은 사람들이 하나님의 집에 올라가자 할 때 기뻐하였다고 하였으며(시122:1) 시인은 주의 집에 사는 자들은 복이 있다고 하였습니다(시84:4).

여기 하나님의 집이나 주의 집은 성전 성막을 가리킵니다. 신약시대에 하나님의 집은 교회입니다. 바울은 교회를 하나님의 집이라고 하였습니다.

"만일 내가 지체하면 너로 하여금 하나님의 집에서 어떻게 행하여야 할지를 알게 하려 함이니 이 집은 살아 계신 하나님의 교회요 진리의 기둥과 터니라" (딤전3:15)

그리스도인들은 하나님의 집에서 충성해야 합니다. 교회에서 충성해야 합니다. 교회에서 하나님의 일에 충성해야 합니다.

성경읽기/ 민수기 12:7을 읽고 하나님은 모세에 대하여 뭐라고 하셨는지 말해봅시다.

2. 예수님도 충성하셨습니다.

예수님은 하나님의 아들이시오 주인이십니다. 주인되시는 예수님은 이 땅에 오셔서 집 맡은 아들로서 충성을 다하셨습니다. 예수님은 자신을 가리켜 "충성되고 참된 증인이시오 하나님의 창조의 근본이신이라고 하였습니다." (계3:14)

예수님은 하나님의 일에 죽기까지 충성하셨습니다. "그는 근본 하나님의 본체시나 하나님과 동등됨을 취하지 아니하시고 자기를 비어 종의 형체를 가지사 사람들과 같이 되셨고 사람의 모양으로 나타나사 죽기까지 복종하셨으니 곧 십자가에 죽으심이라(빌2:6-7) 예수님은 하나님의 보내심을 받고 이 땅에 오셔서 하나님의 집에서 집 맡은 자로 죽기까지 충성하셨습니다.

성경읽기/ 잠언 25:13을 읽고 충성된 자는 주인의 마음을 어떻게 하는지 말해봅시다.

3. 우리는 주인에게 충성하여야 합니다.

충성이란 자신을 위해서 일하는 것이 아니라 주인을 위해서 일하는 것입니다. 충성에는 반드시 희생이 따르게 됩니다. 희생 없이 충성 없고, 충성 없이 희생은 없는 것입니다. 우리의 주인은 주님이십니다. 주인에게 충성하는 것은 주님 말씀에 충성하는 것입니다.

미국에서 존 케네스 갈브레이스가 하루는 잠자리에 들면서 그의 가정부인 에밀리 윌슨에게 절대로 깨우지 말라고 당부했습니다. 그런데 얼마 후 백악관의 존슨 대통령에게서 전화가 걸려왔습니다. "각하, 갈브레이스씨는 지금 잠을 자고 있습니다. 그리고 깨우지 말라고 했습니다." "깨우시오. 지금 통화를 해야 하오." "안 됩니다. 나는 각하의 일꾼이 아니라 갈브레이스씨의 일꾼입니다." 그 후에 갈브레이씨와 통화를 한 대통령은 에밀리에게 이런 말을 전해 달라고 부탁했다고 한다. "나는 그가 백악관에서 일하기를 원한다."고!

우리는 주님 말씀에 절대적으로 순종하며 주님 일에 충성해야 합니다.

성경읽기/ 여호수아 14:8에서 갈렙은 누구에게 충성하였다고 하였나요?

나가는 말

다윗이 전쟁 중에 자기고향인 베들레헴 성문 곁에 있는 우물물이 마시고 싶었습니다. 그곳은 지금 적의 수중에 있습니다. 그래서 군인들 앞에서 "누가 베들레헴 성문 곁 우물물을 나로 마시게 할꼬" 하자 세 용사가 목숨을 내놓고 블레셋 군대의 진을 뚫고 가서 우물물을 길러왔습니다(삼하 23:15). 이것이 바로 충성하는 모습입니다. 우리 그리스도인들은 주님의 집에서 주님의 말씀과 주님의 일에 이와 같이 충성해야 합니다.

나눔의 시간

1. 오늘 말씀을 통하여 느낀 점을 말해봅시다.
2. 나는 하나님의 집에서 어떤 일로 충성하고 있는지 말해봅시다.

적용하기

오늘 말씀을 생활에 어떻게 적용할까 말해봅시다.

결단 및 합심기도

1. 하나님의 교회에서 할 일을 찾아 충성할 것을 다짐하며 기도합시다.
2. 우리 구역부흥과 전도 대상자를 위하여 기도합시다.

감사 및 알림

헌금 및 기도, 교회소식, 구역소식, 다음모임, 주기도.

제16과 죽도록 충성하라

- 본문/ 요한계시록 2:10
- 인사/ 반갑습니다, 사랑합니다, 주님의 이름으로 축복합니다.
- 찬송/ 380, 447장
- 신앙고백 (기도)

말씀읽기

10 너는 장차 받을 고난을 두려워하지 말라 볼지어다 마귀가 장차 너희 가운데에서 몇 사람을 옥에 던져 시험을 받게 하리니 너희가 십 일 동안 환난을 받으리라 네가 죽도록 충성하라 그리하면 내가 생명의 관을 네게 주리라

생각하기/ 카타콤

로마 근교에 초대 그리스도인들이 로마의 핍박을 피하여 땅굴 속에 숨어 살다가 죽어간 카타콤이 있습니다. 햇빛도 없고 습기 찬 그 지하 동굴에서 처참하게 살다가 죽으면 그 동굴 한쪽에서 장사를 지냈습니다. 200년이 넘도록 그 생활이 계속되었는데, 그때 죽은 순교자가 175만~400만 명에 이른다고 합니다. 지금도 로마에 성지순례를 가면 카타콤을 보게 됩니다. 안에 동굴이 너무 많아 안내를 받지 않으면 들어갔다 나올 수가 없습니다. 그 가운데에서도 그들이 늘 암송한 말씀이 디모데후서 2장 9절 "복음을 인하여 내가 죄인과 같이 매이는 데까지 고난을 받았으나 하나님의 말씀은 매이지 아니하니라."는 말씀이었습니다. 저들은 믿음을 지키기 위해 동굴에 들어가서 죽음의 길을 택했습니다.

중세 로마교의 암흑시기에 믿음을 지키다가 죽은 사람이 5천만 명 가량이나 된다고 합니다.

말씀 속으로

1. 죽도록 충성하는 것은 끝까지 충성하는 것입니다.

충성이란 마음 중심으로 맡은 일에 최선을 다하는 것입니다. 열심을 다하고, 마음을 다하고, 노력을 다하고 힘써서 하는 것입니다.

당시 서머나 교회는 큰 환란과 박해를 받고 있었습니다. 경제적으로 너무 궁핍한 가운데 있었습니다. 로마 황제숭배 강요를 당하고 있었습니다. 예수님 믿는 믿음으로 인해 취직을 할 수 없었고 있던 직장에서도 추방을 당했습니다. 무역을 할 수 없었습니다. 황제숭배를 거절하므로 인해 잡혀 투옥되고 죽임을 당하기까지 했습니다. 이런 환경에 있는 서머나 교회에 주님이 말씀하셨습니다. "내가 네 환란과 궁핍을 아노라 네가 실상은 부요한 자라"고. 그리고 앞으로도 고난이 있을 텐데 고난을 두려워하지 말라고 하셨습니다. 죽도록 충성하면 생명의 면류관을 주시겠다고 약속을 하셨습니다. 우리는 믿음 때문에 닥치는 고난과 환난을 두려워말고 끝까지 충성해야 합니다.

성경읽기/ 여호수아 14:9을 읽고 하나님께 충성한 자에게 어떤 약속을 하였는지 말해봅시다.

2. 죽도록 충성하는 것은 변함없이 충성하는 것입니다.

세상 사람들의 충성은 자기 이해득실에 따라 달라집니다. 내게 유리하면 충성하고 불리하면 충성을 피합니다. 또한 주인의 상황에 따라 충성의 자세가 변합니다. 주인이 자기에게 잘해주면 충성하고 아니면 충성을 멈춥니다. 진정한 충성은 내게 불리하든지, 주인이 나에게 잘해주든지 잘안해주든지 변함없이 주인의 뜻에 따라 성실하게 일하는 것입니다. 충성이란 상황에 따라 바뀌지 않습니다. 괴로우나 즐거우나 평안할 때나 환란의 때에나 변함없이 믿음을 지켜나가며 최선을 다하는 것이 충성입니다. 기분이 좋고 내 마음에 맞으면 열심을 내다가 내 마음에 맞지 않거나, 욕을 먹거나, 억울하게 오해를 받으면 직분과 책임을 다 팽개치는 것은 충성이 아닙니다. 우리 주 예수 그리스도는 어제나 오늘이나 영원토록 동일하시고 불변하십니다. 충성은 변함이 없는 것입니다.

성경읽기/ 다니엘서 6:4에서 고관들은 다니엘에게서 무엇을 찾지 못하였다고 하였나요?

3. 죽도록 충성하는 것은 죽음이 닥쳐도 충성하는 것입니다.

"죽도록 충성하라"는 말씀은 "죽는 순간까지"라는 뜻도 있지만 "죽음이 앞에 닥치더라도" 변절하지 않고, 믿음을 지키는 것을 가리킵니다. 주기철 목사님은 일본경찰의 신사참배 강요의 혹독한 고문을 당하다가 피투성이가 되어 기절하기를 수없이 하고, 손톱 발톱이 빠질 정도로 대나무 꼬챙이로 찔러도 변절하지 않고 믿음을 지키다가 그 추운 겨울 옥사했습니다. 신사 앞에 머리 한번만 숙이면 그 고통을 당하지 않고 사랑하는 가족들과 편안히 행복하게 살 수 있었으나 그는 죽기까지 믿음의 절개를 굽히지 않았습니다. 이것이 진정한 충성입니다.

예수님께서는 우리가 하나님을 사랑함에 있어 "마음을 다하고 성품을 다하고 목숨을 다하고 뜻을 다하여하라"고 했습니다(마22:37). "죽도록 충성하라"는 말씀은 목숨을 다하라는 뜻입니다.

성경읽기/ 계시록 2:13을 읽고 죽임을 당하면서도 믿음을 저버리지 않는 사람에 대하여 나눠봅시다.

나가는 말

스코틀랜드에 에덴바라라고 하는 공원묘지에는 개의 무덤이 있고 그 무덤 앞에는 충견비가 서 있습니다. 그 개는 자기 주인이 죽어 장례를 지낸 후에도 집에 돌아오지 않고 그 무덤을 지키고 있어 하는 수 없이 개밥을 날라다 주었다고 합니다. 그 개는 14년 동안을 무덤을 지키다가 죽었습니다. 그래서 그 개의 무덤 앞에 충견비를 세웠다고 합니다. 우리는 교회를 위하여, 주님을 위하여, 복음을 위하여 얼마만큼 쓸 것 쓰지 않고 헌신하며 충성했는지 돌아봅시다. 충성이란 어떤 어려움이 닥쳐도 변함없이, 끝까지 믿음을 지키며 신실하게 일하는 것입니다. 주님은 이런 자에게 생명의 면류관을 주시겠다고 하셨습니다.

나눔의 시간

1. 오늘 말씀을 통하여 느낀 점을 말해봅시다.
2. 나는 주님 때문에 어떤 고난이나 불이익 등 어려움을 당한 경험이 있었는지 있었다면 그때에 어떻게 하였는지 말해봅시다.

적용하기

오늘 말씀을 생활에 어떻게 적용할까 말해봅시다.

결심 및 합심기도

1. 주님나라와 교회를 위해 변함없이 끝까지 충성을 다할 것을 다짐하며 기도합시다.
2. 우리 구역부흥과 전도대상자를 위하여 기도합시다.

감사 및 알림

헌금 및 기도, 교회소식, 구역소식, 다음모임, 주기도.

제17과 하나님이 세우신 가정

- 본문/ 창세기 2:20-24
- 인사/ 반갑습니다, 사랑합니다, 주님의 이름으로 축복합니다.
- 찬송/ 559, 569장
- 신앙고백 (기도)

말씀읽기

20 아담이 모든 가축과 공중의 새와 들의 모든 짐승에게 이름을 주니라 아담이 돕는 배필이 없
으므로 21 여호와 하나님이 아담을 깊이 잠들게 하시니 잠들매 그가 그 갈빗대 하나를 취하고
살로 대신 채우시고 22 여호와 하나님이 아담에게서 취하신 그 갈빗대로 여자를 만드시고 그
를 아담에게로 이끌어 오시니 23 아담이 이르되 이는 내 뼈 중의 뼈요 살 중의 살이라 이것을
남자에게서 취하였은즉 여자라 부르리라 하니라 24 이러므로 남자가 부모를 떠나 그의 아내와
합하여 둘이 한 몸을 이룰지로다

생각하기/ 딸의 시험지

한 가정의 부부가 밤낮 없이 싸웠습니다. 그런데 하루는 딸 현이의 성적표가 우편으로 배달되어 왔습니다. 그것을 보고 그 부부가 충격을 받았습니다. '학부모님! 현이의 성적을 매길 수 없어서 현이의 시험지를 그대로 보냅니다.' 성적표는 공란이었고 눈물로 얼룩이 져 있는 딸의 시험지가 들어 있었습니다. 딸의 시험지에는 답이 적혀 있지 않았고, 앞뒤 여백에 '아빠 엄마 사랑해요. 제발 싸우지 마세요. 아빠 엄마 사랑해요.' 라는 글만 빽빽하게 적혀 있었습니다. 아빠도 사랑하고 엄마도 사랑하는 딸은 자기가 사랑하는 아빠 엄마가 서로 싸우니 가슴이 아파 시험을 칠 수가 없었던 것입니다.

말씀 속으로

1. 가정은 하나님이 세우셨습니다.

하나님은 5일 동안 하늘과 천체와 땅과 사람이 살 수 있는 자연만물과 환경을 다 만드시고 6일째 되는 마지막 날 사람을 만드셨습니다. 하나님은 먼저 아담을 만드셨습니다. 그 뒤 아담 혼자 사는 것이 외로워 보여 여자인 하와를 만드셨습니다. 그리고 에덴동산에서 하나님께서 주례를 하셔서 가정을 세워주셨습니다. 하나님이 가정을 세우신 것은 종족번식의 목적도 있지만 부부가 사랑하며 행복하게 살도록 하기 위하여 세우신 것입니다.

가정은 가장 작은 사회요 하나님을 섬기는 교회며 자녀를 낳고 가르치는 교육의 장이요 서로 사랑하며 섬김을 실천하는 삶의 훈련장입니다. 가정이 바로 설 때 자녀들이 바로 서고 사회가 밝아지며 건강하고 든든히 서게 됩니다. 그리스도인들은 가정을 바로 세우는 일에 서로 노력하해야 합니다.

성경읽기/ 시편 127:1에서 하나님이 집을 세우지 아니하시면 어떻게 된다고 하였는지 말해봅시다.

2. 가정은 사랑하며 살라고 세우셨습니다.

가정은 사랑의 근원지입니다. 부부가 서로 사랑하므로 자녀가 태어나게 됩니다. 자녀는 부모의 사랑으로 태속에서 조성되고 태어나자마자 부모의 사랑을 받으며 자라갑니다. 가정에서 사랑을 먹고 보고 자란 아이는 친구를 사랑하고 이웃을 사랑하고 부모를 사랑하는 사람으로 성장하게 됩니다. 사랑이 있는 곳에는 천국이 이루어지고 사랑이 없는 곳에는 지옥이 이루어집니다. 가정은 사랑의 공동체가 되어야 합니다. 그러나 오늘 현실은 현이네 가정처럼 가정이 싸움터가 되고 가정이 지옥이 되고 있습니다. 우리나라도 이혼율이 OECD국가 중 2위를 기록하고 있습니다. 세 가정 중 한 가정이 이혼을 하고 있다는 통계입니다. 가정이 너무 쉽게 깨어지고 있습니다. 사랑이 없기 때문입니다. 사랑은 내 유익을 구치 않고 상대방의 유익을 먼저 생각하는 것입니다. 사랑은 오래 참고 사랑은 자신을 주며 희생하는 것입니다. 그리스도인들은 서로 사랑하므로 가정을 지키고 세워가야 합니다.

성경읽기/ 고린도전서 13:4-5을 읽고 사랑이 무엇인가 사랑의 특성을 말해봅시다.

3. 가정은 행복의 보금자리여야 합니다.

몇 년 전 미국에서 새해를 맞이하여 설문을 조사했습니다. 금년에 가장 바라는 것이 무엇인가 물었을 때 가장 많은 사람들이 행복하게 사는 것이라고 답했습니다.

오늘 현대인들이 가장 바라는 것이 건강하고 행복하게 사는 것입니다. 이는 역으로 말하면 현대인들이 그만큼 행복하지 못하다는 증거가 됩니다. 행복하지 못하니 행복을 바라고 찾는 것입니다. 그러나 행복은 주어지는 것이 아니라 만들어가야 합니다. 행복을 위해 먼저 사랑의 훈련을 해야 합니다. 사람은 사랑할때 행복하고 사랑을 받을 때 행복합니다. 또한 가장 보람된 일을 할 때 행복하고 남을 위하는 일을 할 때 행복합니다. 가장 보람된 일은 생명 살리는 일이고 사랑하는 자를 위해 자신을 헌신하고 희생하며 섬기는 것입니다. 그러므로 행복을 원한다면 먼저 사랑을 실천하고 생명 살리는 일에 힘써야 합니다.

성경읽기/ 빌립보서 1:18을 읽고 바울을 무엇으로 인해 기뻐한다고 하였는지 말해봅시다.

나가는 말

러시아 속담에 "전쟁에 나갈 때는 한 번 기도하고 항해를 나갈 때는 두 번

기도를 하며 결혼할 때는 세 번 기도해야 한다"는 말이 있습니다.

결혼생활은 전쟁에 나가는 것 보다 더 중하고 바다를 항해하는 것 보다 더 중요하기 때문입니다. 두 사람이 만나 결혼을 해서 가정을 세웁니다. 그러나 그 가정은 하나님이 세우신 것입니다. 하나님은 서로 사랑하며 살라고 가정을 세우셨습니다. 행복하게 살라고 가정을 세우셨습니다. 서로 도우며 살라고 가정을 세우셨습니다.

나눔의 시간

1. 오늘 말씀을 통하여 느낀 점을 말해봅시다.
2. 우리 가정은 행복의 보금자리로서 기능을 다하고 있는지 말해봅시다 그렇지 못하다면 원인이 무엇인지 나눠봅시다.

적용하기

오늘 말씀을 생활에 어떻게 적용할까 말해봅시다.

결단 및 합심기도

1. 사랑하지 못한 것을 회개하며 행복한 가정을 만들기 위해 사랑하며 살 것을 다짐하며 기도합시다.
2. 우리 구역부흥과 전도 대상자를 위하여 기도합시다.

감사 및 알림

헌금 및 기도, 교회소식, 구역소식, 다음모임, 주기도.

제18과 아내와 남편의 의무

- 본문/ 에베소서 5:22-25
- 인사/ 반갑습니다, 사랑합니다, 주님의 이름으로 축복합니다.
- 찬송/ 560, 620장
- 신앙고백 (기도)

말씀읽기

22 아내들이여 자기 남편에게 복종하기를 주께 하듯 하라 23 이는 남편이 아내의 머리 됨이 그리스도께서 교회의 머리 됨과 같음이니 그가 바로 몸의 구주시니라 24 그러므로 교회가 그리스도에게 하듯 아내들도 범사에 자기 남편에게 복종할지니라 25 남편들아 아내 사랑하기를 그리스도께서 교회를 사랑하시고 그 교회를 위하여 자신을 주심 같이 하라

생각하기/ 가장 빨리 가는 법

영국의 어떤 신문사에서 아주 많은 경품을 걸고 다음과 같은 조사를 했습니다. "스코틀랜드에서 런던까지 가장 빠르게 가는 방법이 무엇입니까?" 많은 사람들이 이 퀴즈에 응모했습니다. 비행기를 타고 가는 것, 고속버스를 이용하는 것, 자가용을 타고 가는 것 등 여러 가지 답이 나왔는데 경품에 당첨된 것은 비행기도 아니고 자가용도 아니고 사랑하는 사람과 함께 가는 것이었습니다. 아무리 빠른 비행기를 타고 간다고 할지라도 원수 같은 사람 옆에 앉아서 간다면 아마 한 시간이 열 시간과 같이 느껴질 것입니다. 그러나 사랑 하는 사람과 함께 가는 길이라면 열 시간이 언제 지나가 버렸는지 지나갈 것입니다. 인생의 길은 험하고 멉니다. 그런 인생의 길을 쉽게 가려면 두 사람의 사랑이 변함 없어야 합니다. 변치 않는 두 사람의 사랑은 모든 삶의 힘이 되고 용기를 줄 것입니다.

말씀 속으로

1. 남편을 도우며 복종하는 것입니다.

바울사도는 에베소서5:22에서 "아내들이여 자기 남편에게 복종하기를 주께 하듯 하라."고 하였습니다. 이는 아내가 남편보다 열등하기 때문에 복종하는 것이 아니라 하나님의 질서요 명령이기 때문에 하는 복종입니다. 남편과 아내는 하나님 앞에서 서로 동등합니다. 그러나 하나님께서는 가정의 질서상 남편을 아내의 머리로 세우셨습니다. 이는 그리스도께서 교회의 머리되시는 것처럼 남편은 아내의 머리라고 했습니다(엡5:23). 아내는 남편을 돕는 배필로써 지음 받았습니다. 그러므로 아내는 남편을 내조하며 존경하고 복종해야 합니다.

성경읽기/ 잠언 21:19에서 다투며 성내는 여인과 함께 사는 것보다 무엇이 낫다고 하였는지 말해봅시다.

2. 아내를 사랑하고 보호하는 것입니다.

남편은 그리스도의 사랑을 본받아 아내를 사랑해야 합니다.

성경은 그리스도께서 교회를 사랑하시듯이 남편들이 아내를 사랑할 것을 말씀하셨습니다. 그리스도께서 교회를 위하여 자신을 주시기까지 사랑하셨습니다(엡5:25). 남편은 아내를 위하여 죽기까지 희생적으로 사랑해야 합니다. 이것이 남편의 의무입니다. 세상 사람들은 자기 중심적이어서 항상 자기만을 생각합니다. 그러나 사랑은 상대방을 먼저 생각합니다. 부부 간에는 상대방을 먼저 생각하는 사랑이 있어야 합니다.

가정의 머리되는 남편에게는 희생적인 사랑이 있어야 합니다. 그리고 아내는 더 연약한 그릇임을 알고 아내를 보호해야 합니다.

성경읽기/ 골로새서 3:19을 읽고 남편들이 아내에게 어떻게 하라고 했는지 말해봅시다.

3. 서로 아끼고 사랑합니다.

오랫동안 살면서 매일 부부싸움을 하던 노부부가 있었습니다. 할아버지는 싸울 때마다 "내가 죽으면 무덤을 파고 올라와서 당신 죽을 때까지 따라다닐 거야" 라고 말하곤 해서 사람들은 두려워하였습니다. 어느 날 할아버지가 죽고 장례를 치렀는데 할머니가 아무 걱정 없이 친구들과 파티를 하길래 이웃들이 걱정스레 물었습니다. "할머니 무섭지 않으세요?" 그러자 할머니가 하는 말 "그 영감탱이 열심히 땅 파라구 그래 내가 관을 뒤집어서 묻어 놓았으니까."

부부는 한 몸으로 자기 몸처럼 서로 아끼고 사랑해야 합니다.

부부간의 사랑을 통하여 그리스도의 사랑과 복종하는 법을 배우게 되는 것입니다. 남편과 아내의 사랑은 부부 둘 만의 사랑이 아니라 나아가 그리스도의 사랑으로 승화되어져야 하는 것입니다. 부부는 서로 사랑하며 존중해야 합니다. 부부가 살다보면 지금까지 보지 못했던 상대방의 약점과 허물이 보이게 됩니다. 서로 의견 차이가 있을 수 있고 생각이 다를 수 있습니다. 이때 부부는 약점과 허물을 들추지 않고 덮어줘야 합니다. 장점을 보아야 합니다. 사람은 누구나 허물이 있고 실수도 있습니다. 약점 없는 사람은 한 사람도 없습니다. 사랑은 허물을 덮어주며 감싸줍니다.

성경읽기/ 요한일서 4:11을 읽고 왜 우리가 서로 사랑해야 하는지 말해봅시다.

나가는 말

부부는 평생의 동반자로서 서로 이해하고 아끼고 존경하며 사랑할 때 그 가정은 건강하고 행복한 가정입니다. 자신의 의무는 이행치 않고 권리만을 주장한다면 가정은 불행해지게 됩니다. 가정에서의 부부의 의무를 다하므로 건강하고 행복한 가정을 만들어 갑시다.

나눔의 시간

1. 오늘 말씀을 통하여 느낀 점을 말해봅시다.
2. 나는 아내로서 또는 남편으로써 의무를 다하고 있는지 점검해 보고 잘못 하고 있는 부분이 있다면 무엇인지 나눠봅시다.

적용하기

오늘 말씀을 생활에 어떻게 적용할까 말해봅시다.

결단 및 합심기도

1. 부부의 의무를 다하지 못한 것이 있으면 회개하고 가정에서의 나의 의무를 다할 것을 다짐하며 기도합시다.
2. 우리 구역부흥과 전도 대상자를 위하여 기도합시다.

감사 및 알림

헌금 및 기도, 교회소식, 구역소식, 다음모임, 주기도.

제19과 부모와 자녀의 의무

- 본문/ 에베소서 6:1-4, 잠언 23:13-14
- 인사/ 반갑습니다, 사랑합니다, 주님의 이름으로 축복합니다.
- 찬송/ 579, 563장
- 신앙고백 (기도)

말씀읽기

엡 6:1 자녀들아 주 안에서 너희 부모에게 순종하라 이것이 옳으니라 2 네 아버지와 어머니를
공경하라 이것은 약속이 있는 첫 계명이니 3 이로써 네가 잘되고 땅에서 장수하리라 4 또 아비
들아 너희 자녀를 노엽게 하지 말고 오직 주의 교훈과 훈계로 양육하라
잠 23:13 아이를 훈계하지 아니하려고 하지 말라 채찍으로 그를 때릴지라도 그가 죽지 아니하
리라 14 네가 그를 채찍으로 때리면 그의 영혼을 스올에서 구원하리라

생각하기/ 생선장수 어머니

어느 분이 쓴 "어머니" 라는 글입니다. 어린 시절 시장에 생선을 파시는 어머니의 모습이 내게는 너무도 창피했습니다. 저녁때 팔다 남은 고등어가 밥상에 오를 때면 철없는 투정으로 숟가락을 팽개쳤고, 힘들게 생선을 팔아 학교를 보내며 학용품 사라며 쥐어주신 돈을 생선 냄새가 난다며 뿌리치고 말았습니다. 지금 와 생각하면 그때는 왜 그리도 철이 없었는지요. 일한다는 것은 아름다운 것이라는 걸 깨달은 지금 시장에서 고생하시는 분들을 보면 왠지 낯설지 않습니다. 그 얼굴 사이에 어머니의 모습이 보이는 것 같아 머리라도 조아리고 싶어지지만 이제 어머님은 내 곁에 계시질 않습니다. 그 옛날로 돌아가 어머니께 용서를 빌 수 있다면 얼마나 좋을까요. 어머니 죄송합니다!

말씀 속으로

1. 부모에게 순종해야 합니다.

성경은 "너희 부모를 주안에서 순종하라 이것이 옳으니라"고 했습니다(엡 6:1). 옳다는 말은 자식된 마땅한 도리라는 의미입니다. 사람이라면 마땅히 해야 될 도리가 있습니다. 부모님께 효도하는 것은 마땅히 실천해야 될 자식의 도리일 뿐 아니라 사람된 도리입니다. 부모에게 순종하는 것은 하나님께서 주신 인륜의 첫 계명입니다(출 20:21). 잠언23:22에는 "너를 낳은 아비에게 청종하고 네 늙은 어미를 경홀히 여기지 말지니라"(잠23:22)고 하였습니다. 청종하라는 말은 말씀을 잘 듣고 그 말씀을 실행하라는 의미입니다. 자녀는 부모의 말씀을 잘 들어야 합니다. 그리고 주안에서 순종해야 합니다. '주안에서란' 말씀 안에서 입니다. 부모가 하나님의 말씀을 거역하는 일을 명할 때도 순종하라는 말은 아닙니다. 즉 예수 믿지 마라, 교회 가지 마라, 차례 지내라, 조상 앞에 절하라고 한다거나 죄된 일을 시킨다면 따라서는 안됩니다. 자녀는 주안에서 순종해야 합니다.

성경읽기/ 잠언 6:20을 읽고 무엇을 지키며 무엇을 떠나지 말라고 하였는지 말해봅시다.

2. 부모를 공경해야 합니다.

부모는 가정에서 하나님의 대리자입니다 부모를 공경하고 순종하는 것은 하나님의 계명을 지키며 하나님께 순종하는 것입니다. 그러나 현대가정은 갈수록 자녀들이 부모를 거역하고 있습니다. 자녀가 부모를 대적하고 죽이기도 합니다. 부모를 모시지 않으려고 자녀들이 싸우고 부모를 버리는 경우도 있습니다.

전에 노컷뉴스에 나온 기사입니다. "매 맞고 거리로 내몰리는 부모"라는 머리글로 “대구 서구에 사는 박모(75세) 할머니는 둘째 아들에게 수년째 매질을 당했다. 알코올 중독자인 아들의 매질은 5년 동안 계속됐다. 할머니는 아들이 무서워 골목에서 밤을 보내기를 수 십 차례. 새벽녘까지 추위에 떨면서도 아들의 주먹질이 무서워 집에 들어가지 못했다. 혹 아들에게 이런 모습이 들키는 날이면 집안 가재도구들은 흉기가 되어 날아오고, 아들의 모진 매질은 몇 시간 동안 이어졌다. 박 할머니는 현재 대구 한 노인시설에 입소, 보호를 받고 있다”. 가슴 아픈 뉴스입니다.

보이는 부모를 공경하지 않는 자는 하나님을 바로 섬길 수 없습니다. 부모에게 순종하고 부모를 공경하면 자신이 땅에서 장수하게 되고 잘되는 복을 받게 됩니다.

성경읽기/ 잠언 23:25을 읽고 부모를 공경하는 방법에 대하여 말해봅시다.

3. 주의 말씀으로 양육해야 합니다.

바울사도는 주의 명을 받아 부모들에게 명합니다. “아비들아 너희 자녀를 노엽게 하지 말고 주의 교훈과 훈계로 양육하라”(엡6:3) 부모의 가장 큰 의무는 자녀에게 주의 교훈을 가르치는 것입니다. 자녀를 주의 말씀으로 양육하는 것입니다. 이는 부모에게 주시는 명령이요 사명입니다. 그러나 오늘 우리 부모들은 자녀에게 하나님 말씀을 가르치지 않습니다. 하나님 말씀에는 별 관심이 없습니다. 학교 공부에만 온힘을 기울이고 있습니다. 또한 학교 공부만으로는 만족을 못하여 학원을 보내고 과외를 시킵니다. 학교 공부도 열심히 하도록 지도해야 하지만 하나님 말씀교육을 바르게 해야 자녀들의 영이 살게 됩니다. 위대한 인물 뒤에는 위대한 부모가 있었습니다.

성경읽기/ 잠언 15:5을 읽고 어떤 자가 미련한 자이며 어떤 자가 슬기로운 자인가 말해봅시다.

나가는 말

사람에게 짐승과 다른 점이 있다면 그것은 부모를 공경하는 것입니다. 만일 부모를 거역하고 불효를 행한다면 짐승만도 못한 것입니다. 부모를 공경하고 자녀를 주의 말씀으로 양육하는 것이 부모와 자녀의 의무입니다.

나눔의 시간

1. 부모님 말씀을 거역한 적이 있는가? 왜 그랬는가를 말해봅시다.
2. 자녀에게 어떻게 말씀교육을 시켰는지 말해봅시다.

적용하기

오늘 말씀을 생활에 어떻게 적용할까 말해봅시다.

결단 및 합심기도

1. 부모를 거역하거나 공경치 못한 것이 있으면 회개하고 부모를 공경하며 자녀를 하나님 말씀으로 양육할 것을 기도합시다.
2. 우리 구역부흥과 전도 대상자를 위하여 기도합시다.

감사 및 알림

헌금 및 기도, 교회소식, 구역소식, 다음모임, 주기도.

제20과 고부간의 갈등해소법

- 본문/ 룻기 1:16-17
- 인사/ 반갑습니다, 사랑합니다, 주님의 이름으로 축복합니다.
- 찬송/ 370, 438장
- 신앙고백 (기도)

말씀읽기

16 룻이 이르되 내게 어머니를 떠나며 어머니를 따르지 말고 돌아가라 강권하지 마옵소서 어머니께서 가시는 곳에 나도 가고 어머니께서 머무시는 곳에서 나도 머물겠나이다 어머니의 백성이 나의 백성이 되고 어머니의 하나님이 나의 하나님이 되시리니
17 어머니께서 죽으시는 곳에서 나도 죽어 거기 묻힐 것이라 만일 내가 죽는 일 외에 어머니를 떠나면 여호와께서 내게 벌을 내리시고 더 내리시기를 원하나이다 하는지라

생각하기/ 남편의 100일 작전

어느 가정에 고부 갈등으로 인해 부부갈등이 심해졌습니다. 아내는 더 이상 이대로는 못살겠다고 합니다. 남편이 "그럼 어머니 돌아가시게 할까?" "누가 죽이재" "내게 좋은 수가 있어" "뭔데" "어머니가 시름시름 앓다가 서서히 죽게 하는 거야." "어떻게?" "100일 동안 탕약에 독약을 조금식 섞어 매일 아침 계란후라이 하나와 탕약를 가져다 드리면 처음에는 괜찮다가 90일이 넘으면 서서히 앓다가 100일 되면 죽는 약" 며느리는 그렇게 하기로 하고 다음날 남편이 지어온 독약가루를 탕약에 넣어 후라이와 함께 드리며 "어머니 드세요. 네가 웬일이야 싫다. 제가 잘못 했어요 꼭 드셔야 해요." "오냐." 며칠하고 끝날 줄 알았는데 한 달 두 달 계속하니 시어머니 마음이 열려 이웃집에 다니며 우리 며느리 효부라고 칭찬을 합니다. 소문이 온 동네 퍼졌

습니다. 만나는 사람마다 며느리를 칭찬하니 며느리 마음도 바뀌기 시작했습니다. "여보 어머니 죽지않게 하면 안될까?" 안돼! 어머니하고 당신 싸우면서 사는 것 더 못 봐!" "아냐 이제 안 싸울게" 밀가루 100일 작전이 성공했습니다.

말씀 속으로

1. 고부간의 갈등의 원인

현대가정의 위기 가운데 하나는 고부갈등의 문제입니다. 결혼한 젊은 여인에게 있어서 가장 어렵고 불편한 것은 시어머니와의 문제입니다. 서로 사랑하여 결혼을 하였는데 고부간의 문제로 가정불화가 발생합니다. 부부 사이에는 아무 문제도 없는데 시어머니로 인해 부부싸움이 잦아지고 가정의 화목이 깨어집니다. 대부분 결혼을 하면 지금까지의 생활방식이 다른 시가의 가풍과 전통을 따라야 합니다. 갈등의 주요원인은 세대 차이에서 오는 의견충돌과 가치관의 차이, 생활풍습의 차이에서 발생합니다. 시모와 며느리 사이에는 세대 차이가 나고 가치관이 다를 수 밖에 없습니다. 시어머니는 자신의 시집살이 때를 생각하며 며느리도 그렇게 해주길 바라나 신세대 며느리들은 새로운 시대의 새로운 사고와 가치관을 가지고 있습니다. 이런 이질적인 사고와 환경과 문화의 차이에서 갈등이 생깁니다.

성경읽기/ 잠언 17:1을 읽고 화목의 중요성을 나눠봅시다.

2. 시어머니를 친정 어머니처럼 생각하라.

고부간의 갈등을 해소하는 가장 중요한 원리는 며느리는 시어머니를 친정 어머니처럼 생각하는 것입니다. 친모처럼 가까이 하고 대소사의 모든 문제를 묻고 의논하고 시어머니의 허물이나 인격적인 결함이 있을지라도 이해하고 존경하는 자세를 가져야 합니다. 시어머니와 갈등이 있을 때는 시어머니의 입장에서 생각하며 진솔하게 대화를 나누며 자신의 의사를 표시해야 합니다. 시어머니가 꾸짖고 책망할 때는 겸손한 마음으로 받아드리며 시어머니의 약점을 보지 말고 장점을 보고 장점을 자주 말씀드리며 시어머니를 존경하고 있음을 표현하면 시어머니의 마음을 살 수가 있습니다. 룻은 시어머니를 위해 자기 자신을 온전히 희생하는 자세를 취하였습니다. 그는 시어머니를 위해 자존심을 버리고 추수하는 밭에 나가 밀 이삭을 줍습니다.

성경읽기/ 룻기 3:5에서 룻은 시어머니에게 어떻게 하겠다고 하였나요?

3. 며느리를 친딸처럼 생각하라.

고부간의 갈등의 문제는 주로 시어머니 쪽에 많습니다. 시어머니가 요구하는 수준에 며느리가 이르지 못함으로 꾸지람과 못마땅함이 갈등으로 이어집니다. 시어머니가 며느리를 친딸처럼 여긴다면 며느리가 부족하고 허물이 많아도 그 허물은 보이지 않습니다. 하는 일이 맘에 안들어도 밉지가 않습니다. 마냥 사랑스럽기만 합니다. 시어머니는 신세대 며느리를 이해해야 합니다. 지나친 권위나 무리한 요구를 하면 갈등을 부채질하게 됩니다. 자기에게 맞추려 하지 말고 신세대 입장에서 생각하고 이해해 줘야 합니다. 며느리의 약점을 보지 말고 장점을 보고 칭찬해 줘야 합니다. 그리고 맘에 안드는 것이 있으면 허물없이 대화하며 자신의 의사를 표현하고 며느리도 허물없이 지신의 의사를 표현하도록 마음을 열어야 합니다. 나오미가 룻을 위한 것 같이 시어머니는 며느리를 위해 주고 아끼고 사랑해 줄 때 문제는 해소되고 가정은 천국으로 변하게 됩니다.

성경읽기/ 룻기 3:1을 읽고 나오미가 룻을 위해 어떻게 하겠다고 하는지 말해봅시다.

나가는 말

고부간의 갈등은 세대 차이, 성격 차이, 가치관의 차이, 문화 차이에서 발생합니다. 차이를 극복하는 길은 서로 상대방을 이해해 주고 사랑하므로 가능합니다. 사랑은 모든 허물을 덮습니다.

나눔의 시간

1. 오늘 말씀을 통하여 느낀 점을 말해봅시다.
2. 시어머니 또는 며느리와의 갈등이 있으면 나누고 원인이 무엇인지 말해봅시다.

적용하기

오늘 말씀을 생활에 어떻게 적용할까 말해봅시다.

결단 및 합심기도

1. 시어머니 또는 며느리를 이해하지 못하고 사랑하지 못한 것을 회개하며 친어머니와 딸처럼 대할 것을 다짐하며 기도합시다.
2. 우리 구역부흥과 전도 대상자를 위하여 기도합시다.

감사 및 알림

헌금 및 기도, 교회소식, 구역소식, 다음모임, 주기도.

제21과 성령이 임하시면

- 본문/ 사도행전 1:4-5, 8-9
- 인사/ 반갑습니다, 사랑합니다, 주님의 이름으로 축복합니다.
- 찬송/ 184, 185장
- 신앙고백 (기도)

말씀읽기

4 사도와 같이 모이사 저희에게 분부하여 가라사대 예루살렘을 떠나지 말고 내게 들은바 아버
지의 약속하신 것을 기다리라 5 요한은 물로 세례를 베풀었으나 너희는 몇 날이 못 되어 성령
으로 세례를 받으리라 하셨느니라
8 오직 성령이 너희에게 임하시면 너희가 권능을 받고 예루살렘과 온 유대와 사마리아와 땅 끝
까지 이르러 내 증인이 되리라 하시니라 9 이 말씀을 마치시고 그들이 보는데 올려져 가시니
구름이 그를 가리어 보이지 않게 하더라

생각하기/ 삼각산아 바다에 빠질 지어다!

어떤 목사님이 삼각산에 올라가서 열심히 기도하여 성령 충만함을 받았습니다. 목사님은 자신의 믿음이 얼마나 충만한가를 한 번 시험에 보고 싶었습니다. 그래서 생각해 낸 것이 예수님의 말씀에 너희의 믿음이 겨자씨 만큼만 있어도 이 산더러 들려 바다에 빠뜨리라 해도 그대로 될 것이라는 말씀이 생각이 났습니다.

목사님은 시험을 해보았습니다. "삼각산아 예수님의 이름으로 명하노니 들려서 바다에 빠질지어다." 그런데 아무런 반응이 없었습니다. 실망한 목사님은 다시 기도원에 들어가서 기도하면서 주님께 여쭈었습니다. "어찌하여 말씀대로 안이루어집니까?" 이에 주님의 음성이 들려왔습니다. "삼각산을 바다에 빠뜨려 무엇하려고."

말씀 속으로

1. 성령을 보내리라.

성령님은 성부 하나님, 성자 예수님과 함께 삼위일체 하나님이십니다. 성령님은 하나님의 신, 하나님의 영, 예수 그리스도의 영, 다른 보혜사로 불려집니다. 예수님은 하늘로 가시면서 성령님을 보내주시겠다고 약속하고 가셨습니다. 성령님을 보내시겠다는 약속은 하나님께서도 요엘 선지자를 통하여 하셨습니다. "그 후에 내가 내영을 만민에게 부어 주리니 너희 자녀들이 장래 일을 말하며 너희 늙은이는 꿈을 꾸며 너희 젊은이는 이상을 볼 것이라" 고 하였습니다(요엘2:28).

예수님은 성령이 오실 때까지 예루살렘을 떠나지 말고 아버지께서 약속하신 것을 기다리라고 하셨습니다(행1:4). 제자들과 감람산에서 예수님의 승천을 목격한 500여명의 성도들 중 120명이 마가의 다락방에서 기도하며 성령님을 기다렸습니다.

성경읽기/ 요한복음 16:7에서 왜 예수님이 가시는 것이 유익하다고 하였는지 말해봅시다.

2. 성령이 임하시면

예수님은 성령님이 오시면 여러 가지 사역을 하시리라고 말씀하셨습니다. 성령님은 보혜사로 성도들과 함께 계시고 성도들을 위로하시며 곁에서 도와주시고 진리 가운데로 인도하시며 거듭나게 하시고 장래일도 알게 하리라고 하였습니다(요14:16, 26, 16:13). 또한 성령님은 예수님에 대하여 증언하시고 예수님을 가르치시고 예수님의 말씀을 생각나게 하시고 예수님을 전하기 위하여 오십니다(요15:26). 그리고 성령님은 교회를 섬기며 성도를 섬기라고 은사를 주시며 하나님의 깊은 것도 깨닫게 하시고 죄에 대하여 의에 대하여 심판에 대하여 세상을 책망하시리라고 하셨습니다(요16:8).

예수님은 성령이 임하시면 권능을 받고... 땅 끝까지 내 증인이 되리라고 하셨습니다(행1:8). 예수님의 제자들과 초대교회 성도들은 성령을 받고 증인의 삶을 살았습니다.

성경읽기/ 사도행전 3:15을 읽고 베드로 사도는 무엇을 증거하고 있는지 말해봅시다.

3. 내 증인이 되리라.

성령을 받으면 증인이 됩니다. 예수님의 제자들이 성령받기 전까지는 예수님을 부인하기도 하고 예수님을 저버리고 도망치기도 하였습니다. 그러나 오순절 성령이 임하신 후 저들은 180도로 달라졌습니다. 즉시로 거리로 나가서 예수님을 전하기 시작하였습니다. 당대 최고의 세력인 대제사장들과 장로들의 위협 앞에서도 굴복하지 않고 담대하게 예수님을 전했습니다. 매를 맞고 감옥에 갇히고 죽음의 위협을 당해도 저들은 예수님을 전했습니다.

성령을 받으면 확신이 생깁니다. 구원의 확신, 자녀의 확신, 사죄의 확신, 천국과 지옥의 확신 등이 생기므로 담대해집니다. 우리도 성령을 받으면 확신을 가지고 증인의 삶을 살 수 있습니다.

성경읽기/ 사도행전 4:19-20을 읽고 예수 이름으로 말하지 말라고 할 때 무어라고 대답했는지 말해봅시다

나가는 말

바울사도는 에베소 성도들에게 "너희가 믿을 때에 성령을 받았느냐" (행19:2)고 물었습니다. 에베소 성도들은 아직 성령이 계심도 듣지 못하였다고 하였습니다. 오늘 우리도 이 질문에 답을 해야 합니다. "믿을 때 성령을 받았느

냐" 믿는다고 모두 성령을 받은 것은 아니라는 말씀입니다. 믿을 때 받을 수도 있고 믿은 이후 받을 수도 있습니다. 그리스도인들은 성령을 받아야 육신의 소욕을 이기고 확신을 가지고 복음을 전하며 승리하는 삶을 살 수 있습니다.

나눔의 시간

1. 오늘 말씀을 통하여 느낀 점을 말해봅시다.
2. 나는 담대히 복음을 전하고 있는지 못하고 있는지 못하고 있다면 원인이 무엇인지 말해봅시다.

적용하기

오늘 말씀을 생활에 어떻게 적용할까 말해봅시다.

결단 및 합심기도

1. 담대하게 전도하지 못한 것을 회개하고 성령 받아 담대히 복음전하는 그리스도의 증인이 될 것을 다짐하며 기도합시다.
2. 우리 구역부흥과 전도 대상자를 위하여 기도합시다.

감사 및 알림

헌금 및 기도, 교회소식, 구역소식, 다음모임, 주기도.

제22과 성령의 은사

- 본문/ 고린도전서 12:7-11
- 인사/ 반갑습니다, 사랑합니다, 주님의 이름으로 축복합니다.
- 찬송/ 191, 441장
- 신앙고백 (기도)

말씀읽기

7 각 사람에게 성령을 나타내심은 유익하게 하려 하심이라 8 어떤 사람에게는 성령으로 말미암아 지혜의 말씀을, 어떤 사람에게는 같은 성령을 따라 지식의 말씀을, 9 다른 사람에게는 같은 성령으로 믿음을, 어떤 사람에게는 한 성령으로 병 고치는 은사를, 10 어떤 사람에게는 능력 행함을, 어떤 사람에게는 예언함을, 어떤 사람에게는 영들 분별함을, 다른 사람에게는 각종 방언 말함을, 어떤 사람에게는 방언들 통역함을 주시나니 11 이 모든 일은 같은 한 성령이 행하사 그의 뜻대로 각 사람에게 나누어 주시는 것이니라

생각하기/ 컵 안에 있는 공기 빼는 법

무디 목사는 어느 날 설교를 듣는 교인들에게 자기 손에 들고 있는 컵에서 어떻게 공기를 조금도 남기지 않고 뺄 수 있는지를 질문했습니다. 어떤 사람이 "공기 펌프로 빼면 됩니다." 라고 대답했습니다. 그때 무디는 "그렇게 하여 진공이 되면 컵이 깨집니다." 라고 웃으며 말했습니다. 많은 빗나간 대답들이 있은 후 무디는 미소를 지으면서 주전자를 들고 컵에 물을 가득 부었습니다. "자 보세요. 공기는 조금도 남아 있지 않습니다." 공기를 빼려고 하듯이 죄를 제거하려는 것은 불가능하며 오로지 성령으로 충만히 채워짐으로 죄를 제거하고 승리의 삶을 살 수 있습니다.

말씀 속으로

1. 은사란 무엇인가?

은사란 헬라어로 카리스마(καρισμα)로 이는 신령한 것 영적인 것을 의미합니다. 은사는 하나님이 주시는 선물입니다. 하나님께서는 교회의 덕을 세우기 위하여 각 사람에게 합당한 은사를 주십니다. 은사의 종류는 다양합니다. 본문에는 지혜의 말씀, 지식의 말씀, 믿음, 병 고치는 은사, 능력 행함, 예언, 영분별, 방언, 방언 통역함 등 9가지의 성령의 은사가 나타납니다. 로마서 12장 6절 이하에도 은사가 나타납니다. 거기에는 예언, 섬김, 가르침, 위로, 구제, 다스림, 긍휼 베풂 등으로 고린도전서 12장에 나타난 은사와 중복되는 것도 있고 새로운 은사들이 나타납니다. 그리고 에베소서 4장 11절에도 사도, 선지자, 복음 전하는 자, 목사, 교사 등이 나타납니다. 이는 직임적인 은사라 합니다. 직분도 하나님의 은사에 속합니다.

성경읽기/ 로마서 12:6에서 은사를 어떻게 주시는지 왜 은사가 다른지에 대하여 나눠봅시다.

2. 은사를 주신 목적

은사란 하나님의 선물로 성령의 나타남입니다. 바울사도는 각 사람에게 성령을 나타내심은 유익하게 하려 하심이라(고전12:7)고 하였습니다. 유익하게 하신다는 것은 교회를 섬기고 성도를 섬기는데 공동체에 유익함을 주기 위해서란 뜻입니다.

에베소서 4장에서는 직임적인 은사를 주신 목적을 세 가지로 밝혔는데 첫째는 성도를 온전케 하도록 하기 위함이며 둘째는 봉사의 일을 하도록 하기 위함이며 셋째는 그리스도의 몸을 세우기 위함이라 했습니다(엡4:11-12). 성령의 나타나심이나 직분을 세우는 것이 동일하게 교회 공동체의 유익을 위함입니다. 이는 은사를 활용하여 성도들을 믿음 안에서 성장시켜 교회를 섬기며 성도를 섬김으로 교회가 든든히 서가도록 하기 위하여 은사를 주셨다는 말씀입니다. 즉 은사는 교회를 섬기고 성도를 섬기라고 주신 도구들입니다.

성경읽기/ 에베소서 4:11에 나타난 은사를 말해봅시다.

3. 은사를 활용해야 합니다.

모든 사람에게는 나름대로의 한 가지 이상의 은사가 있습니다. 은사가 있는데도 많은 사람들이 은사를 모르고 묵혀두고 활용하지 않고 있습니다. 우리는 은사를 찾아내어 계발하고 활용해서 교회를 섬기며 성도를 섬겨야 합니다. 나에게 있는 은사를 알려면 교회에서 내가 할 수 있는 일을 찾아서 해봄으로 확인하며 계발할 수 있습니다. 또한 내가 남에게 유익을 줄 수 있는 일이 무엇인가 찾아서 해봅니다. 전도, 가르침, 봉사, 구제, 권면 등을 시도해 보며 나에게 있는 각종 재능들을 찾아봅니다. 그때 나의 적성에 맞고 그 일이 보람되고 기쁨이 있으면 그것이 내게 주어진 은사가 될 수 있습니다. 아주 작은 일에 충성할 때 큰 은사도 주십니다. 은사는 활용해야 더욱 계발이 됩니다.

성경읽기/ 로마서 12: 7-8을 읽고 은사를 어떻게 활용해야 하는지 말해봅시다.

나가는 말

은사란 꼭 병을 고치거나 능력을 행하는 것만이 은사가 아닙니다. 다스리고 구제하고 권면하는 것도 은사요 또는 각종 직분들도 은사에 해당됩니다. 은사를 주시는 목적은 교회의 덕을 세우고 복음을 전하며 성도를 섬기는데 유익을 주기 위하여 주신 것입니다. 그러므로 내가 교회에서 할 수 있는 일과 다른 사람을 위하여 할 수 있는 일들을 찾아서 활용하므로 은사를 계발할 수 있습니다.

나눔의 시간

1. 오늘 말씀을 통하여 느낀 점을 말해봅시다.
2. 나에게는 어떤 은사가 있다고 생각하는지 자기의 은사들을 이야기 해봅시다.

적용하기

오늘 말씀을 생활에 어떻게 적용할까 말해봅시다.

결단 및 합심기도

1. 은사를 활용하지 못하고 묵혀둔 것이 있으면 회개하고 은사를 활용하여 교회와 성도를 섬기며 유익을 줄 것을 다짐하며 기도합시다.
2. 우리 구역 부흥과 전도 대상자를 위하여 기도합시다.

감사 및 알림

헌금 및 기도, 교회소식, 구역소식, 다음모임, 주기도.

제23과 성령충만을 받으라

- 본문/ 에베소서 5:17-18
- 인사/ 반갑습니다, 사랑합니다, 주님의 이름으로 축복합니다.
- 찬송/ 182, 184장
- 신앙고백 (기도)

말씀읽기

17 그러므로 어리석은 자가 되지 말고 오직 주의 뜻이 무엇인가 이해하라 18 술 취하지 말라 이는 방탕한 것이니 오직 성령으로 충만함을 받으라

생각하기/ 술 취하면 개가 된다.

어느 가정에 남편이 아침에 일어나서 화장실 문을 열고 불을 켰다 껐다 하면서 고개를 갸웃거립니다. 아내가 왜 그러느냐고 물었더니 '어제 밤에 화장실 문을 여니 자동으로 불이 켜지는 것 같았는데 왜 그런지 이상해서 그런다.' 는 것입니다. 그러자 아침부터 코를 킁킁거리면 냉장고 청소를 하던 아내가 버럭 소리를 지릅니다. "당신 어제 밤에 술 취해서 냉장고 열고 오줌 쌌지!" 웬 찌른내가 난다 했더니... 이 양반이 술 취해서 냉장고 문을 열고 화장실인 줄 알고 실례하신 모양입니다.

어떤 분은 남편이 술에 취해서 옷장 문을 열고 실례를 해 멀쩡하던 옷을 세탁하느라고 고생했답니다.

술 취하면 개가 됩니다. 술 취하면 술에 지배를 받습니다. 하나님께서는 술 취하지 말고 성령충만을 받으라고 합니다. 성령충만하면 성령의 지배를 받게 됩니다.

말씀 속으로

1. 성령충만은 거듭남과 구별됩니다.

성령으로 거듭난 것과 성령으로 충만한 것은 완전히 다릅니다. 거듭남은 예수님을 구주로 영접함으로 되는 것입니다. 이때 성령께서 거듭나게 하십니다. 물론 거듭남과 성령세례, 성령충만이 동시에 이루어 질 수도 있습니다. 또한 처음에 임하는 성령충만은 성령세례이기도 합니다. 성령충만은 성령님께서 내 인생과 마음의 주인이 되어 내 인생과 마음을 다스리는 것을 의미합니다. 이 세상을 살아갈 때 내 마음대로, 내가 하고 싶은 대로 하지 않고 오직 성령께서 나의 삶을 지배하시므로 하나님이 원하시는 뜻대로 사는 것입니다. 술 취하면 술에 지배를 받는 것처럼 성령충만이란 성령님의 지배를 받는 것입니다.

오늘 많은 그리스도인들이 예수님을 구주로 영접함으로 거듭났을지라도 주님을 손님으로 모시고 필요할 때만 주님을 이용하며 자기 뜻대로 살아갑니다. 성령으로 충만하다는 것은 하나님의 자녀로서 그의 모든 삶을 주님께 맡기고 성령님께서 손님이 아니라 주인이 되신다는 뜻입니다.

성경읽기/ 요한복음 16:13을 읽고 성령이 오시면 어떻게 하신다고 하였는지 말해봅시다.

2. 성령충만은 성령세례와 구분됩니다.

성령충만은 언제나 성령세례와 비교됩니다. 성령세례가 구원을 말한다면 충만은 성숙을 말합니다. 성령세례가 영적 갓난아이를 말한다면 충만은 성숙한 어른을 말합니다. 성령세례는 한번 받습니다. 성령충만은 반복됩니다. 한번 예수를 영접하면 더 이상 영접하지 않아도 됩니다. 한번 주님을 믿고 고백하면 하나님의 자녀가 됩니다. 한번 주님을 믿으면 우리의 모든 죄가 용서를 받습니다. 이것이 구원이고, 성령세례입니다. 하지만 성령충만은 한번으로 끝나지 않습니다. 오순절에 성령 받은 제자들은 사도행전 4장에서 또 성령을 받습니다(행4:31). 성령충만은 물이 바닥나면 채워지는 것과 같고 배터리가 소모되면 충전되는 것과 같이 반복됩니다. 그러므로 날마다 성령으로 충만해야 합니다.

성경읽기/ 사도행전 4:31 언제 성령이 임하셨는지 말해봅시다.

3. 성령충만은 명령입니다.

성령충만은 명령으로 주신 말씀입니다. 모든 믿는 자에게 향하신 하나님의 명령입니다. 명령은 선택의 여지가 없는 것입니다. 이것은 내가 받고 안받는 것에 달려있는 것이 아니라 무조건 받아야 하는 것입니다. 성경에는 중요한 것은 다 명령으로 주셨습니다. 십계명의 모든 말씀이 하나님의 명령입니다. 우리가 선택할 여지가 없는 하나님의 준엄한 명령입니다. 땅 끝까지 복음을 전하라는 것도 명령입니다. 그래서 우리는 이 사명을 감당해야만 합니다. 그래서 우리가 때를 얻든지 못 얻든지 복음을 전하는 것입니다. 기도하라는 것도 명령입니다. 마찬가지로 성령충만도 명령입니다. 성령충만은 선택이 아니라 필수요, 나의 요구가 아니라 하나님의 뜻입니다.

그러므로 우리는 구원받은 것으로 만족하지 말고 성령충만을 받아야 합니다.

성경읽기/ 요한복음 20:22에서 예수님이 무슨 명령을 하셨는지 말해봅시다.

나가는 말

예수님을 숨을 내쉬며 제자들에게 성령을 받으라고 하셨습니다. 예수님은 하늘로 가시면서 성령을 보내시겠다고 하셨습니다. 바울사도는 성령충만을 받으라고 하였습니다. 이것은 하나님의 명령입니다. 우리는 성령충만해야 담대히 복음을 전하며 승리의 삶을 살 수 있습니다. 우리는 날마다 성령충만을 사모하며 성령충만하여 복음 전하며 성령의 인도를 따라 살아가야 합니다.

나눔의 시간

1. 오늘 말씀을 통하여 느낀 점을 말해봅시다.
2. 나는 성령충만 받은 체험이 있는지 나눠봅시다.

적용하기

오늘 말씀을 생활에 어떻게 적용할까 말해봅시다.

결단 및 합심기도

1. 성령충만의 체험이 없으면 회개하고 성령충만을 사모하며 기도합시다.
2. 우리 구역부흥과 전도 대상자를 위하여 기도합시다.

감사 및 알림

헌금 및 기도, 교회소식, 구역소식, 다음모임, 주기도.

제24과 성령충만을 받는 길

- 본문/ 사도행전 4:29-31
- 인사/ 반갑습니다, 사랑합니다, 주님의 이름으로 축복합니다.
- 찬송/ 190, 197장
- 신앙고백 (기도)

말씀읽기

29 주여 이제도 그들의 위협함을 굽어 보시옵고 또 종들로 하여금 담대히 하나님의 말씀을 전
하게 하여 주시오며 30 손을 내밀어 병을 낫게 하시옵고 표적과 기사가 거룩한 종 예수의 이름
으로 이루어지게 하옵소서 하더라 31 빌기를 다하매 모인 곳이 진동하더니 무리가 다 성령이
충만하여 담대히 하나님의 말씀을 전하니라

생각하기/ 성령충만하지 않는 죄

세계적인 빌리 그래함 목사가 한 교회를 방문하면서 장로들의 안내를 받던 중 한 장로로부터 최근 자기 교회에 술 취한 채 예배드린 한 교인을 제명했다는 말을 들었습니다. 그러자 빌리 그래함은 역으로 그러면 성령충만하지 않은 채 예배드리러 오는 교인들에게 어떤 징계를 내렸나요? 라고 질문했습니다. 그 장로님이 의아했던 것은 당연한 일입니다. 첫 번째 명령 술 취하지 말라는 명령에는 그렇게 반응하면서, 두 번째 명령인 성령충만하라는 명령에 불순종하는 성도들을 어떻게 생각하냐는 것입니다. 교회나 성도는 술 취한 것은 심각한 잘못으로 생각합니다. 물론 심각하게 여기지 않는 분들도 있습니다만... 그러나 교인들이 성령충만치 못한 것에 대해서는 아무도 심각하게 생각하지 않습니다. 찰스 피니는 "죄인이 회개하지 않는 것이 죄인인 것처럼 그리스도인이 성령충만하지 않는 것이 죄이다" 라고 했습니다.

말씀 속으로

1. 사모하며 구해야 합니다.

오순절 마가의 다락방에 성령이 임하셨습니다. 이때 그곳에 모인 무리들은 전혀 기도에 힘썼습니다(행1:14).

대제사장과 나라의 고관들이 제자들을 잡아 옥에 가두고 다시는 예수에 대하여 전하지 말라 위협하며 놓아주었습니다. 제자들은 성도들이 모인 곳으로 가서 이 사실을 고하며 기도하기 시작했습니다. 저들이 빌기를 다하매 모인 곳이 진동하며 성령이 충만하게 임하였습니다(행4:31).

주님께서는 기도를 가르치신 후 악한 자라도 자식에게 좋은 것을 줄줄 알거든 하물며 하늘 아버지께서 구하는 자에게 성령을 주시지 않겠느냐고 하셨습니다(눅11:13).

주의 은혜는 언제나 사모하는 곳에 임했습니다. 사모하는 것은 성령님을 인정할 뿐만 아니라 성령님을 절실히 필요로 하는 마음입니다. 이는 마치 목마를 때에 물을 찾고 사모하는 것과 같습니다. 우리는 성령충만을 사모하며 성령충만함을 달라고 간절히 기도해야 합니다.

성경읽기/ 사도행전 1:14을 읽고 저들은 무엇에 힘썼는지 말해봅시다.

2. 회개하면 성령을 주신다고 하였습니다.

"베드로가 가로되 너희가 회개하여 각각 예수 그리스도의 이름으로 세례를 받고 죄 사함을 얻으라. 그리하면 성령을 선물로 받으리니"(행2:38) 회개란 돌이킨다는 뜻으로 자신이 죄인임을 깨닫고 지은 죄를 뉘우치며 주님께 자백하고 죄에서 돌이키는 것을 말합니다. 1907년 평양 장대현 교회에 성령의 불이 임했습니다. 그 불길이 평양 시내를 불태웠습니다.

이 불길이 한국 강산을 휩쓸었습니다. 이 같은 역사는 길선주 장로의 회개를 통하여 시작되었습니다. 성령충만 받기를 원하면 먼저 철저히 죄를 회개해야만 합니다.

성경읽기/ 사도행전 2:29에서 성령을 주시겠다는 약속은 누구에게 하신 것이라고 하였나요?

3. 말씀을 사모하며 들어야 합니다.

성령님은 말씀의 저자이십니다. 그러므로 성령님은 말씀을 읽고 들을 때에 말씀과 함께 임하십니다. 성도는 말씀 읽고 듣기를 간절히 사모해야 합니다. 고넬료와 그의 가족은 말씀 듣다가 모두 성령을 받았습니다(행10:44).

또한 성령님은 안수를 통하여서도 임하십니다. 베드로와 요한사도가 사마리아에 가서 안수할 때 사마리아 성도들에게 성령이 임하였고(행8:17)

바울사도가 에베소 성도들에게 안수할 때 에베소 성도들에게도 성령이 임하셨습니다(19:6).

안수란 사람의 머리에 손을 얹고 기도하는 것을 말합니다. 안수를 통하여 하나님의 영이 전가됩니다. 귀신들린 사람에게 안수를 받으면 귀신의 영이 임합니다. 그러므로 안수는 함부로 해서도 안되고 아무에게나 받아서도 안됩니다.

성경읽기/ 사도행전 19:6에서 성령이 임할 때 어떤 현상이 나타났는지 말해봅시다.

나가는 말

하나님께서는 마지막 때에 성령을 부어 주시겠다고 약속하셨고 (요엘 2:28-30) 예수님은 성령을 받으라고 명령하셨습니다. 예수님 이후 제자들과 초대교회 성도들은 성령충만을 받고 목숨 내놓고 복음을 전했습니다.

성령충만을 받는 것은 하나님의 약속이요 주님의 명령입니다. 그러므로 우리는 성령충만을 받아야 합니다. 성령 받기 위해 성령님을 사모하며 밤낮으로 기도해야 합니다.

나눔의 시간

1. 오늘 말씀을 통하여 느낀 점을 말해봅시다.
2. 성령충만을 위해 얼마나 기도했는지 말해봅시다.

적용하기

오늘 말씀을 생활에 어떻게 적용할까 말해봅시다.

결단 및 합심기도

1. 성령충만하기 위해 죄를 회개하고 날마다 기도하며 말씀을 읽고 사모할 것을 다짐하며 기도합시다.
2. 우리 구역부흥과 전도 대상자를 위하여 기도합시다.

감사 및 알림

헌금 및 기도, 교회소식, 구역소식, 다음모임, 주기도.

제25과 구제와 봉사의 중요성

- 본문/ 마태복음 6:1-4
- 인사/ 반갑습니다, 사랑합니다, 주님의 이름으로 축복합니다.
- 찬송/ 212, 220장
- 신앙고백 (기도)

말씀읽기

1 사람에게 보이려고 그들 앞에서 너희 의를 행하지 않도록 주의하라 그리하지 아니하면 하늘
에 계신 너희 아버지께 상을 받지 못하느니라 2 그러므로 구제할 때에 외식하는 자가 사람에게
서 영광을 받으려고 회당과 거리에서 하는 것 같이 너희 앞에 나팔을 불지 말라 진실로 너희에
게 이르노니 그들은 자기 상을 이미 받았느니라 3 너는 구제할 때에 오른손이 하는 것을 왼손
이 모르게 하여 4 네 구제함을 은밀하게 하라 은밀한 중에 보시는 너의 아버지께서 갚으시리라

생각하기/ 1년 술값 2조 3천억 원

1985년에 한국 교회 전체 예산이 4,400억 원이라는 발표가 나자 전 매스컴이 한국 교회를 부자 교회라고 혹평했습니다. 한국 교회가 예산을 교회 건축을 위해서만 쓰고 가난하고 소외된 사람들을 돌아보지 않는 교회라고 비난을 퍼부었습니다. 그런데, 1985년 당시 한국에 존재하고 있는 고아원, 양로원, 모자원, 장애인 시설, 정신박약아 시설이 455개였습니다. 그 중의 84%를 교회가 세웠고, 교회의 예산을 들여서 운영하는 기관들이었습니다. 1985년 당시 사람들이 1년 술로 마시고 없앤 돈이 2조 3천억 원이라고 합니다. 술 먹을 돈이 있으면 그들의 말대로 가난한 사람들을 도와주고 헌신했다면 이 땅에 가난한 사람들이 없어질 것입니다. 그들은 비판을 잘하지만 그 일을 하지 않습니다. 그러나 교회는 세상의 정부가 하지 못하는 엄청난 일들을 하

고 있는 것입니다.

말씀 속으로

1. 구제는 주님의 명령입니다.

구제란 고난, 불행, 재해 등으로 어려운 지경에 빠진 사람을 돕는 행위 즉 그를 도와주고 건져주는 행위를 가리킵니다. 성경은 곳곳에서 구제를 명하고 있습니다. 하나님께서는 함께 우거하는 성읍에 가난한자가 있을 때는 네 손을 움켜쥐지 말고 반드시 네 손을 그에게 펴서 그가 필요한대로 넉넉히 꾸어주라고 하셨으며(신15:7-8) 또한 성읍에 있는 가난한 자에게 반드시 줄 것이요 줄때에는 아끼는 마음을 품지 말라고 하셨습니다(신15:10). 그리하면 이로 말미암아 하나님께서 네가 하는 모든 일과 네 손이 닿는 모든 일에 네게 복을 주시리라고 하였습니다(신15:10).

예수님께서는 구제할 때 오늘손이 하는 것을 왼손이 모르게 은밀하게 하라 은밀한 중에 보시는 아버지께서 갚으시리라고 하셨습니다(마6:4).

성경읽기/ 마태복음 6:2을 읽고 구제할 때에 나팔을 불지 말라는 의미에 대하여 나눠봅시다.

2. 구제는 하나님께 꾸어드리는 것입니다.

하나님께서는 이 세상에 부자와 가난한 자가 함께 살도록 하셨습니다. "가난한 자와 부한 자가 함께 살거니와 그 모두를 지으신 이는 여호와시니라"(잠언 22:2)고 하셨습니다. 가난한 자들이 세상에 있는 것은 사람들로 하여금 선을 행할 수 있는 기회를 주시고 하늘에 상급을 쌓을 수 있는 기회를 주시는 것입니다. 하나님은 가난한 자를 학대하는 자는 그를 지으신 하나님을 멸시하는 자라고 하였고 궁핍한 사람을 불쌍히 여기는 자는 주를 공경하는 자라고 하셨습니다(잠언14:31). 또한 가난한 자를 구제하는 자는 궁핍하지 아니하려니와 못 본체하는 자에게는 저주가 크리라(잠28:27)고 하셨고 잠19:17에는 가난한 자를 불쌍히 여기는 것은 여호와께 꾸어드리는 것이니 그의 선행을 그에게 갚아주시리라고 하셨습니다. 하나님께 많이 꾸어 드리는 자가 복 받는 자입니다.

성경읽기/ 잠언 28:27에 구제를 좋아하는 자와 못본 체하는 자는 어떻게 된다고 하였나요?

3. 구제하는 자는 풍족하여집니다.

솔로몬은 잠언에서 구제를 좋아하는 자는 풍족하여질 것이요 남을 윤택하게 하는 자는 자기도 윤택하여지리라(잠언11:25)고 하였습니다. 또한 "흩어 구제하여도 더욱 부하게 되는 일이 있으나 과도히 아껴도 가난하게 될 뿐이니라"(잠언11:24)고 하였습니다. 세상 사람들은 아끼고 모으면 부하게 되는 줄 생각합니다. 그러나 성경은 구제하면 부하게 되지만 아끼고 또 아껴도 가난하게 될 뿐이라고 하였습니다. 다윗은 시편에서 "가난한 자를 보살피는 자에게 복이 있음이여 재앙의 날에 여호와께서 그를 건지시리로다"(시편 41:1)고 하였습니다. 세상에서 부요하고 풍족하게 되는 길은 구제를 많이 하는 것입니다.

성경읽기/ 잠언 21:13에서 귀를 막고 가난한 자가 부르짖는 소리를 듣지 아니하면 어떻게 하신다고 하였나요?

나가는 말

어느 집사님 가족은 매달 고아원을 방문합니다. 가족과 함께 시장에 가서 과일도 사고 반찬거리도 사고 김밥 수백 줄을 만들어 차에 실고 고아원으로 갑니다. 아름다운 찬양을 준비해서 고아들에게 들려줍니다. 그들과 하루 종일 시간을 보내고 옵니다.

가난한 사람을 섬기면 섬김을 받는 이도 행복하고 섬기는 사람은 두 배나 행복합니다. 섬기는 사람은 세상에서 가장 아름다운 사람이며 예수님을 닮은 사람입니다.

나눔의 시간

1. 오늘 말씀을 통하여 느낀 점을 말해봅시다.
2. 나는 가난한 자의 도움을 외면한 적은 없는지 있다면 왜 그랬는지 나눠봅시다.

적용하기

오늘 말씀을 생활에 어떻게 적용할까 말해봅시다.

결단 및 합심기도

1. 지금까지 가난한 자를 잘 돕지 못한 것들을 회개하며 이제부터 저들에게 관심을 가지고 도우며 살 것을 기도합시다.
2. 우리 구역 부흥과 전도 대상자를 위하여 기도합시다.

감사 및 알림

헌금 및 기도, 교회소식, 구역소식, 다음모임, 주기도.

제26과 봉사의 방법

- 본문/ 베드로전서 4:9-11
- 인사/ 반갑습니다, 사랑합니다, 주님의 이름으로 축복합니다.
- 찬송/ 310, 204장
- 신앙고백 (기도)

말씀읽기

9 서로 대접하기를 원망 없이 하고 10 각각 은사를 받은 대로 하나님의 여러 가지 은혜를 맡은 선한 청지기 같이 서로 봉사하라 11 만일 누가 말하려면 하나님의 말씀을 하는 것 같이 하고 누가 봉사하려면 하나님이 공급하시는 힘으로 하는 것 같이 하라 이는 범사에 예수 그리스도로 말미암아 하나님이 영광을 받으시게 하려 함이니 그에게 영광과 권능이 세세에 무궁하도록 있느니라

생각하기/ 하루를 평생처럼

조그마한 개척교회에서 봉사하던 젊은 집사가 6개월 후면 미국으로 이민을 가게 되었습니다. 어느 날 그는 목사님을 찾아와서 우리 교회도 교회에 승합차를 사는 것이 어떻겠느냐고 말했습니다. 목사님은 교회에 돈이 없어서 지금은 살 수가 없다고 하자 그 집사는 자신이 앞장서겠다고 하며 앞장서서 헌신하여 교회에 승합차 한 대를 마련하였습니다. 목사님은 감격하여 그 집사에게 말하기를 "6개월 후면 미국으로 이민을 갈 텐데 어찌 이렇게 하였느냐 하니" 그 집사님은 목사님의 말을 가로막으면서 "목사님! 나의 신앙신조는 단 하루를 섬길지라도 평생을 섬기는 것처럼 주님의 교회를 섬기는 것입니다. 주님의 교회는 다 똑같은 교회이지요." 하였습니다.
우리는 내일 교회를 떠나도 오늘 내가 할 일을 해야 합니다.

말씀 속으로

1. 감사함으로 서로 봉사합니다.

봉사란 댓가를 받지 않고 일하는 것이 봉사입니다. 댓가를 받고 일한 것은 봉사가 아닙니다. 다른 직업을 가지지 않고 교회 일만 하는 전문 사역자들에게는 사례를 합니다. 사례란 일에 대한 댓가로 주는 것이 아니라 감사로 드리는 것입니다. 직장에서 일하고 월급을 받는 것은 사례가 아니라 일에 대한 댓가로 받는 것입니다.

교회는 봉사하는 곳입니다. 교회에서 봉사할 때 감사함으로 해야 합니다. 어떤 사람은 열심히 일을 하면서도 원망하며 불평하며 하는 사람이 있습니다. 또한 다른 사람이 하는 일에 잘했느니 못했느니 시비를 하는 사람도 있습니다. 봉사하다 보면 힘들 때도 있습니다. 그래도 감사함으로 해야 합니다. 성경은 봉사할 때 원망과 시비가 없이 하라고 말씀합니다(9절). 원망과 불평은 하나님께로 온 것이 아닙니다. 봉사할 때 어려움이 있어도 감사함으로 하는 것이 참된 봉사입니다.

성경읽기/ 골로새서 3:23을 읽고 봉사의 자세는 어떠해야 하는지 말해봅시다.

2. 선한 청지기 같이 합니다.

청지기는 주인의 집에 모든 살림을 맡아 관리하는 자입니다. 청지기가 맡은 것은 자기의 것이 아닙니다. 우리는 모두 청지기 입니다. 우리의 목숨도, 재산도, 재능도, 건강도 다 하나님의 것입니다. 하나님께서는 이것을 가지고 교회와 이웃을 섬기며 봉사하라고 주셨습니다. 그러나 사람들 중에는 자신이 주인인 줄 착각 속에 사는 사람들이 있습니다. 땅도 내 것, 집도 내 것, 돈도 내 것, 건강도 내 것, 재능도 내 것, 다 내 것이라 생각합니다, 그래서 봉사도 자기 것 가지고 자기 힘으로 한다고 생각합니다. 이는 착각입니다. 모든 것의 주인은 하나님이십니다. 성경은 만물이 주에게서 나오고 주로 말미암고 주에게로 돌아간다고 하셨습니다(롬11:36).

청지기 중에는 선한 청지기가 있고 악한 청지기도 있습니다. 선한 청지기는 주인의 뜻을 생각하며 주인의 뜻에 따라 관리하고 봉사하는 자입니다. 우리의 주인은 하나님이십니다. 그러므로 우리는 하나님의 뜻을 따라 봉사해야 선한 청지기가 됩니다. 악한 청지기는 자기 유익을 위해 자기 뜻대로 일하는 자입니다.

성경읽기/ 베드로전서 4:11에서 봉사할 때 누구의 힘으로 하는 것 같이 하라 했나요?

3. 하나님의 영광을 위하여 합니다.

인간의 삶의 궁극적인 목적은 하나님의 영광을 드러내는 것입니다. 성경은 그런즉 너희가 먹든지 마시든지 무엇을 하든지 다 하나님의 영광을 위하여 하라(고전 10:31)고 명하고 있습니다. 하나님의 영광을 위한 것은 인간의 삶의 목적이요 존재의 목적입니다. 봉사의 목적도 여기에 있습니다. "이는 범사에 예수 그리스도로 말미암아 하나님이 영광을 받으시게 하려 함이니 그에게 영광과 권능이 세세에 무궁하도록 있느니라 아멘"(벧전4:11). 내가 다른 사람을 섬기고 교회를 섬기고 봉사함으로 하나님이 영광을 받으시게 되는 것입니다. 그러므로 모든 일에 하나님의 영광을 받으시도록 하나님의 뜻을 따라 감사함으로 열심히 봉사를 해야 합니다.

성경읽기/ 갈라디아서 2:20을 읽고 바울은 자신은 죽고 자기 안에 누가 산다고 했나요?

나가는 말

봉사는 남을 섬기는 행위를 말합니다. 그리스도인은 교회 안에서나 밖에서 섬기는 삶을 살아야 합니다. 무엇이든지 주님께 영광이 될 수 있는 일이라면 기쁨으로 봉사할 준비가 되어 있어야 합니다. 성경은 많이 알고 기도도 많이 하는데 봉사가 없으면 잘못된 신앙입니다. 봉사가 없는 신앙은 죽은 신앙입니다.

봉사의 기회는 항상 있는 것이 아닙니다. 건강할 때, 실패하기 전에, 더 늙기 전에, 병들기 전에, 죽기 전에, 봉사와 섬김으로 하늘에 보물을 쌓아 두는 자가 지혜로운 자입니다.

나눔의 시간

1. 오늘 말씀을 통하여 느낀 점을 말해봅시다.
2. 나는 봉사하다가 원망 불평한 적은 없었는지, 있었다면 왜 그랬는지 나눠봅시다.

적용하기

오늘 말씀을 생활에 어떻게 적용할까 말해봅시다.

결단 및 합심기도

1. 봉사하면서 불평했던 것들을 회개하며 선한 청지기처럼 감사함으로 하나님의 뜻을 따라 봉사할 것을 다짐하며 기도합시다.
2. 우리 구역부흥과 전도 대상자를 위하여 기도합시다.

감사 및 알림

헌금 및 기도, 교회소식, 구역소식, 다음모임, 주기도.

제27과 여제자 다비다의 봉사

- 본문/ 사도행전 9:36-40
- 인사/ 반갑습니다, 사랑합니다, 주님의 이름으로 축복합니다.
- 찬송/ 216, 95장
- 신앙고백 (기도)

말씀읽기

36 욥바에 다비다라 하는 여제자가 있으니 그 이름을 번역하면 도르가라. 선행과 구제하는 일
이 심히 많더니 37 그 때에 병들어 죽으매 시체를 씻어 다락에 누이니라 38 룻다가 욥바에서
가까운지라 제자들이 베드로가 거기 있음을 듣고 두 사람을 보내어 지체 말고 와 달라고 간청
하여 39 베드로가 일어나 그들과 함께 가서 이르매 그들이 데리고 다락방에 올라가니 모든 과
부가 베드로 곁에 서서 울며 도르가가 그들과 함께 있을 때에 지은 속옷과 겉옷을 다 내보이거
늘 40 베드로가 사람을 다 내보내고 무릎을 꿇고 기도하고 돌이켜 시체를 향하여 이르되 다비
다야 일어나라 하니 그가 눈을 떠 베드로를 보고 일어나 앉는지라

생각하기/ 슈바이처와 까뮈

슈바이처 박사와 까뮈는 모두 노벨상 수상자입니다. 슈바이처 박사는 박사 학위만도 다섯 가지나 되는데, 아프리카에 들어가 흑인 나환자들을 치료해 주는데 자신의 삶을 바쳤습니다. 그가 아프리카에 들어가는 것을 보고 사람들은 그를 미쳤다고 했습니다. 그는 노벨 상금으로 아프리카에 병원을 짓고 흑인들을 치료해 주며 생애를 보냈는데 사람들은 오늘날 그를 20C의 태양이라고 부릅니다. 반면에 무신론자 까뮈는 상금을 받아가지고 한적한 교외에다 멋있는 별장을 짓고 승용차를 타고 별장으로 가다가 전신주를 들이받고 즉사하였습니다.

말씀 속으로

1. 봉사의 여인 다비다

다비다는 봉사의 여인이었습니다. 성경은 그에 대하여 말하기를 "선행과 구제하는 일이 심히 많더니"라고 하였습니다. 그는 홀로 되고 가난한 과부들에게는 옷을 지어 입혔고 가난한 이웃들에게는 많은 구제를 하였습니다. 하나님은 구제하며 봉사하는 자들을 기억하십니다. 이방인 백부장 고넬료가 하나님을 경외하고 백성을 많이 구제함으로 하나님께서 그의 기도와 구제가 하나님 앞에 상달되고 기억하신 바가 되었다고 하였습니다(행10:2-4). 그러므로 고넬료는 천사의 계시를 받아 베드로를 청하여 말씀을 듣고 온 가족이 예수님을 믿고 구원받고 성령을 받았습니다. 섬기며 봉사하는 것은 예수님을 닮는 것입니다. 다비다는 예수님을 닮은 여 제자로 칭함을 받았습니다.

성경읽기/ 에베소서 4:28에서 바울사도는 왜 자기 손으로 수고하라고 하였는지 말해 봅시다.

2. 섬기며 봉사할 때 기쁨이 넘칩니다.

섬김과 봉사에는 기쁨이 있습니다. 섬기는 사람은 섬김의 기쁨을 압니다. 다른 사람이 알아주기 때문에 섬기는 것이 아닙니다. 내가 원해서 남을 도와주고 섬길 때에 참된 기쁨과 즐거움을 맛보게 되며 또한 만족과 보람을 느끼게 됩니다.

닉 부이치치는 두 팔과 두 다리가 없는 청년입니다 그가 2010년 한국을 다녀갔습니다. 그는 많은 사람들에게 큰 감동을 주었습니다. 팔 다리 없는 몸으로 사는 27살의 청년, 그럼에도 불구하고 그는 난 정말 축복받은 사람이라고 간증했습니다. 남들에게 기대어 짐스런 존재로 살 수밖에 없었던 그가 그런 인생을 살게 된 이 기적의 비밀은 바로 섬기며 사는데 있었습니다. 그는 도움을 받는 대신 도움을 주면서 살기로, 섬김을 받는 대신 섬기며 살기로 작정한 것입니다.

봉사하며 섬기는 삶이야말로 예수님을 닮는 삶이요 가장 보람되고 행복한 것입니다.

성경읽기/ 사도행전 20:35에서 받는 자보다 어떤 자가 복이 있다고 하였는지 말해봅시다.

2. 섬기며 봉사할 때 사랑과 존경을 받습니다.

다비다는 욥바 사람들로부터 사랑과 존경을 받았습니다. 그러므로 그가 병들어 죽었을 때 사람들은 베드로에게 이 사실을 알리고 그의 선행을 보고하였습니다. 그의 선행이 그를 다시 살게 한 것입니다.

테레사 수녀는 우리와 종교는 다르지만 인종과 종교를 뛰어넘어 사랑과 섬김을 실천한 인물로 존경을 받은 여인입니다. 그는 18세에 수녀가 되었으며, 1948년 인도 캘커타의 빈민굴에 들어가 병들고 죽어가는 가난한 빈민들을 위해 평생을 헌신한 공로가 인정되어 1979년 노벨 평화상을 수상하였습니다. 그녀는 "사랑과 섬김은 나를 버리는 아픔 속에서만 가능하다"는 명언을 남겼습니다. 어느 날 인도 힌두교 신자 한분이 테레사 수녀를 찾아와 "기독교가 무엇입니까?" 라고 물었을 때 그녀는 "기독교는 남을 위하여 자기를 주는 종교" 라고 대답했습니다. 그녀의 섬김은 오늘까지 모든 사람에게 길이길이 알려지고 그로 인해 존경받는 인물이 되었습니다. 하나님은 섬기며 봉사하는 자를 존귀하게 여기십니다.

성경읽기/ 고린도후서 9:9에서 어떤 자의 의가 영원토록 있다고 하였나요?

나가는 말

봉사는 해도 되고 안해도 되는 일이 아닙니다. 그리스도인은 반드시 봉사하는 일에 힘써야 합니다. 이것은 그리스도인의 본질이고 핵심입니다. 봉사하지 않는 기독교인은 움직이지 않는 자동차나 물이 나오지 않는 수도꼭지와 같습니다. 우리는 교회에서 내가 할 수 있는 일을 찾아 봉사하고 이웃을 위해 봉사해야 합니다.

나눔의 시간

1. 오늘 말씀을 통하여 느낀 점을 말해봅시다.
2. 나는 지난 한 주간 동안에 어떤 봉사를 하였는지 말해봅시다.

적용하기

오늘 말씀을 생활에 어떻게 적용할까 말해봅시다.

결단 및 합심기도

1. 교회를 위하여 이웃을 위하여 봉사하지 못한 것들을 회개하며 몸으로 물질로 봉사의 삶을 살 것을 다짐하며 기도합시다.
2. 우리 구역부흥과 전도 대상자를 위하여 기도합시다.

감사 및 알림

헌금 및 기도, 교회소식, 구역소식, 다음모임, 주기도.

제28과 봉사와 상급

- 본문/ 마태복음 10:40-42
- 인사/ 반갑습니다, 사랑합니다, 주님의 이름으로 축복합니다.
- 찬송/ 450, 310장
- 신앙고백 (기도)

말씀읽기

40 너희를 영접하는 자는 나를 영접하는 것이요 나를 영접하는 자는 나 보내신 이를 영접하는
것이니라 41 선지자의 이름으로 선지자를 영접하는 자는 선지자의 상을 받을 것이요 의인의
이름으로 의인을 영접하는 자는 의인의 상을 받을 것이요 42 또 누구든지 제자의 이름으로 이
소자 중 하나에게 냉수 한 그릇이라도 주는 자는 내가 진실로 너희에게 이르노니 그 사람이 결
단코 상을 잃지 아니하리라 하시니라

생각하기/ 고아들 한번 웃겨준 것

어떤 사람이 천국에 갔더니 예수님이 문 입구에 서서 들어오는 사람들을 심사하고 있는데 "너는 헐벗은 자에게 입혀 주었구나 들어가라" "너는 굶주린 자에게 먹을 것을 주었구나 들어가라" "너는 목마른 자에게 마실 것을 주었구나 들어가라" "너는 나그네를 영접하였구나 들어가라" "너는 감옥에 있을 때에 방문해 주었구나 들어가라" 이 분이 뒤에서 그 광경을 보고 있다가 자기는 아무것도 한 일이 없으니까 두려운 마음을 가지고 있는데 예수님께서 "가까이 오라" 하더니 그러더랍니다. "너는 먹을 것을 준 일도 없고, 옷을 준 일도 없지만 고아원에 찾아가서 고아들 한번 웃겨 주었으니 천국에 들어가라" 하셨다고 합니다.

말씀 속으로

1. 봉사는 아름답습니다.

봉사하는 것만큼 아름다운 것이 없습니다. 봉사하는 것만큼 보람있는 것이 없습니다. 또 봉사하는 것만큼 자랑스러운 것도 없습니다. 이제 다가오는 21세기에는 교회가 더 많이 봉사해야 합니다. 모든 그리스도인들이 더 많이 봉사해야 합니다. 정부도 봉사해야 합니다. 기업도 봉사해야 삽니다. 근로자들도 봉사해야 합니다. 공무원들도 봉사해야 삽니다. 성도들도 봉사해야 합니다. 봉사하지 아니하는 삶은 새로운 세대에는 도태 당하고 말 것입니다. 기업이 사는 길, 나라가 번영하는 길, 신앙이 성장하는 길, 개인의 삶이 풍성하고 행복하게 누릴 수 있는 길이 봉사에 있습니다. 우리가 봉사할 때 우리의 자손이 잘됩니다. "저는 종일토록 은혜를 베풀고 꾸어 주니 그 자손이 복을 받는도다"(시편 37:26)고 하였습니다. 종일토록 봉사하면 그 자손이 복을 받는다는 말씀입니다.

성경읽기/ 로마서 16:6에서 바울은 누구에게 문안하라고 하였나요?

2. 봉사에는 축복이 약속되어 있습니다.

그리스도인들이 주님의 이름으로 선을 행하며 봉사할 때에는 반드시 상을 주시겠다고 하셨습니다. 예수님께서는 지극히 작은 자에게 냉수 한 그릇 주는 자도 상을 잃지 않으리라고 하셨습니다(마10:42). 작은 자란 어린아이나 또는 힘없는 자 가난한자 등을 의미합니다. 선지자를 영접하는 자는 선지자의 상을 받을 것이요 의인을 영접하는 자는 의인의 상을 받으리라고 하셨습니다. 교회에서 아이들을 섬기며 어려운 이웃을 섬기는 자들에게 상이 약속되어 있습니다.

사르밧 과부는 엘리야를 영접하고 섬김으로 온 나라가 기근 들어 굶주리고 3년6개월간의 가뭄에도 먹을 양식이 떨어지지 아니하고 기근을 면하는 축복을 받았습니다(왕상17:16). 또한 과부의 아들이 병들어 죽게 되었을 때에 하나님은 그 아들을 다시 살려주는 복을 주셨습니다(왕상17:22).

우리가 봉사할 때 하나님의 사랑을 받고 하나님께 인정을 받고, 축복을 받게 됩니다.

성경읽기/ 누가복음 6:38을 읽고 주는 자에게 주님은 어떻게 하신다고 하였는지 말해봅시다.

3. 주님은 봉사한대로 상을 주십니다.

어느 임금님이 길 가운데 돌을 가져다 놓고 보니 한 사람은 원망하고 지나가고, 또한 사람은 욕설을 하고 지나갔습니다. 잠시 후 한 채소장사가 오더니 채소를 내려놓고 그 돌을 치우는데 돌 밑에 황금이 있었습니다. 옆에는 "이 돌을 치우는 자가 가지시오."라고 써 있었습니다. 길 한가운데의 돌을 이웃을 위해 치워주는 자에게 상급을 주신 것입니다. 봉사하는 자에게 임금님이 상을 내리신 것입니다.

예수님은 다시 오실 때 상을 가지고 오셔서 각 사람의 일한대로 상을 주시겠다고 하셨습니다(계22:12). 주님의 교회를 위하여 일한 자들에게 상급이 약속되었습니다. 또한 나그네를 대접하고 가난한 이웃을 위하여 섬기며 봉사하는 자들에게도 상이 약속되었습니다. 그러므로 바울사도는 선을 행하다가 낙심치 말라고 했습니다(갈6:9).

성경읽기/ 요한복음 12:26에서 사람이 주님을 섬기면 누가 그를 귀히 여기리라고 하였나요?

나가는 말

톨스토이가 길을 걷고 있었습니다. 그때 걸인이 그에게 손을 내밀었습니다.

그는 아무것도 없었습니다. 그래서 그는 거지의 손을 잡고 이렇게 말했습니다. "형제여! 미안하오. 내가 가진 것이 없구려" 그러자 걸인은 눈시울을 붉히면서 "저는 선생님께 돈보다 훨씬 소중한 것을 받았어요. 선생님은 저를 형제라고 불러주었습니다. 그리고 선생님의 손에서 따뜻한 사랑을 느꼈습니다." 우리가 사랑의 손을 내밀고 사랑의 마음으로 봉사할 때 그 사랑이 전달됩니다.

나눔의 시간

1. 오늘 말씀을 통하여 느낀 점을 말해봅시다.
2. 봉사의 기쁨을 체험한 적이 있었는지 나눠봅시다.

적용하기

오늘 말씀을 생활에 어떻게 적용할까 말해봅시다.

결단 및 합심기도

1. 봉사를 게을리 한 것을 회개하며 주님오실 때 상 받도록 봉사할 것을 다짐하며 기도합시다.
2. 우리 구역부흥과 전도 대상자를 위하여 기도합시다.

감사 및 알림

헌금 및 기도, 교회소식, 구역소식, 다음모임, 주기도.

제29과 찬송의 중요성

- 본문/ 시편 113:1-3
- 인사/ 반갑습니다, 사랑합니다, 주님의 이름으로 축복합니다.
- 찬송/ 260, 261장
- 신앙고백 (기도)

말씀읽기

1 할렐루야 여호와의 종들아 찬양하라 여호와의 이름을 찬양하라 2 이제부터 영원까지 여호와
의 이름을 찬송할지로다 3 해 돋는 데에서부터 해지는 데에까지 여호와의 이름이 찬양을 받으
시리로다

생각하기/ 시각장애인 크로스비

크로스비는 생후 6개월 만에 시력을 잃었습니다. 그러나 불평이나 원망 대신 찬양을 드렸습니다. 어느 날 친구가 그를 불쌍하다고 했습니다. 크로스비는 웃으며 말했습니다. "만일 내가 태어날 때 하나님께서 소원을 물으시면, 나는 시각장애자가 되게 해달라고 할거야. 천국에 가서 주님의 얼굴을 처음으로 대하고 싶거든." 그녀는 주님께 찬양 드리는 기쁨에 사로잡혀 자신이 눈을 뜨지 못한다는 사실에 불행해하지 않았습니다. 2,000여 편의 찬송시를 썼고, 우리 찬송가에는 24편이 실려 있습니다. 그가 쓴 찬송시는 "인애하신 구세주여 내 말 들으사, 예수를 나의 구주 삼고, 십자가로 가까이 나를 이끄시고, 나의 영원하신 기업 생명보다 귀하다, 기도하는 이 시간 주께 무릎 꿇고, 오 놀라운 구세주 예수 내 주, 나의 갈 길 다 가도록" 등 모두 은혜로운 찬송입니다. 그의 찬송을 통하여 전 세계 그리스도인 수천만 명 아니 수십억이 은혜를 받습니다.

말씀 속으로

1. 찬송의 의미

찬송이란 하나님께 드리는 노래입니다. 노래 중에는 고전음악, 동요, 유행가, 록음악 등 여러 종류의 노래가 있습니다. 그러나 이런 노래는 모두 사랑이나 이별을 노래하고 또한 기쁨이나 슬픔을 표현하는 것들이 대부분이며 이는 인간의 이성과 감정을 나타내는 것들입니다. 찬송은 오직 하나님에 대하여 감사와 회개와 간구와 구원과 영광과 권능을 노래하는 것입니다. 하나님은 찬양 받으시기를 원하십니다. 하나님은 찬송 중에 거하시며 찬양을 통하여 영광을 받으십니다. 하나님이 인간을 지으신 것은 찬양을 받으시기 위함이었습니다(사43:21). 인생의 존재의 목적, 본분은 찬양하는 것입니다. 하나님을 찬양하는 것은 인간의 본분을 수행하는 것입니다. 찬양을 하지 않는 것은 하나님의 창조의 목적에서 이탈된 것입니다. 이탈된 것이 죄입니다.

성경읽기/ 이사야서 43:21을 읽고 우리는 인간의 본분을 다하고 있는지 말해봅시다.

2. 찬양은 입술의 열매입니다.

인생의 삶의 목적은 먹고 마시고 즐기는데 있는 것이 아니라 하나님을 찬양하고 감사하며 경배하는데 있습니다. 하나님께 감사하고 찬양하는 가장 큰 이유는 그의 구원하심과 영광과 능력입니다. 하나님께서 나를 택하시고 나를 위하여 예수님을 보내시고 나의 죄 값을 대신지게 하시고 나를 지옥의 형벌에서 구원해 주신 것에 대한 반응이 감사와 찬양입니다. 히브리서 기자는 항상 찬미의 제사를 하나님께 드리자 이는 그리스도를 증거하는 입술의 열매라고 하였습니다(히13:15).

종교 개혁자 마르틴 루터는 하나님은 성경으로 말씀하시고 인간은 찬송으로 응답한다고 했습니다.

세상 노래가 우리의 희로애락을 표현하는 최고의 예술이라 한다면 찬송은 예수 그리스도를 드러내는 최고의 예술이라 할 수 있습니다. 그리스도인에게 있어서 찬양은 하나님께 드리는 제사요 그리스도를 증거하는 입술의 열매입니다.

성경읽기/ 시편 145:2에서 다윗은 언제 주를 찬송하겠다고 하였나요?

3. 찬양은 신앙고백이며 기도입니다.

사람은 기쁜 일이 있을 때 펄쩍펄쩍 뛰기도 하고 큰 소리로 웃기도 합니다. 또한 슬플 때는 엉엉 울기도 합니다. 이처럼 우리 마음에 어떠한 감정이 있으면 구체적인 표현이 뒤따릅니다.

찬양은 음악이란 도구를 사용해서 하나님께 드리는 개인의 신앙고백이며 또는 공동체의 신앙의 표현입니다.

우리의 신앙고백은 구원의 고백이며 생활의 고백입니다. 예수 그리스도의 대속의 은혜를 알지 못하고 입술로만 부르는 찬양은 찬양이 될 수 없습니다. 찬양할 때 가사가 중요함은 이 노래가 신앙의 고백이기 때문입니다. 찬양은 우리의 생활과 분리되어서는 안됩니다. 또한 찬양은 우리 마음을 하나님께 아뢰는 기도이기도 합니다. 하나님을 찬양한다는 것은 입술로만 찬양하는 것이 아니라 자신의 마음의 고백이며 신앙의 고백이어야 합니다.

성경읽기/ 시편 34:1에서 시인은 언제 무엇으로 누구를 찬양하리라고 하였는지 말해봅시다.

나가는 말

찬양은 어떠한 테크닉이나 기술이 아니라 진실된 마음의 고백이어야 합니다. 우리의 마음이 진실되지 않을 때 우리의 찬양은 하나의 허공을 울리는 소리 소음이 될 것입니다.

오늘도 우리를 구속하시고 은혜를 주시며 우리를 인도하시고 우리와 함께 하여 주심을 감사하며 온 마음을 다하여 하나님을 찬양하는 할렐루야의 삶을 사는 성도들이 됩시다.

나눔의 시간

1. 오늘 말씀을 통하여 느낀 점을 말해봅시다.
2. 매일의 삶속에서 얼마나 찬양하는 삶을 살고 있는지 언제 찬양을 하는지 말해봅시다.

적용하기

오늘 말씀을 생활에 어떻게 적용할까 말해봅시다.

결단 및 합심기도

1. 매일의 삶에서 찬양의 삶을 살지 못한 것을 회개하고 매일 찬양의 삶을 살 것을 다짐하며 기도합시다.
2. 우리 구역부흥과 전도 대상자를 위하여 기도합시다.

감사 및 알림

헌금 및 기도, 교회소식, 구역소식, 다음모임, 주기도.

제30과 찬송할 이유

- 본문/ 시편 148:1-5
- 인사/ 반갑습니다, 사랑합니다, 주님의 이름으로 축복합니다.
- 찬송/ 303, 262장
- 신앙고백 (기도)

말씀읽기

1 할렐루야 하늘에서 여호와를 찬양하며 높은 데서 그를 찬양할지어다 2 그의 모든 천사여 찬
양하며 모든 군대여 그를 찬양할지어다 3 해와 달아 그를 찬양하며 밝은 별들아 다 그를 찬양
할지어다 4 하늘의 하늘도 그를 찬양하며 하늘 위에 있는 물들도 그를 찬양할지어다 5 그것들
이 여호와의 이름을 찬양함은 그가 명령하시므로 지음을 받았음이로다

생각하기/ 송명희의 공평하신 하나님

송명희 시인은 자기 발로 걸어다닐 수도 없고 자기 팔 하나 들수 없는 사람입니다. 목도 하나 제대로 가누지 못하며 눈도 제대로 뜨지 못하고 흔들거리면서 의자에 앉아 있는 사람입니다. 그는 휠체어에 타고 다른 사람의 도움을 받을 수밖에 없는 사람입니다. 자기 몸 하나도 가누지 못하는 그가 이런 시를 썼습니다.

"나 가진 재물 없으나 / 나 남이 가진 지식 없으나
나 남에게 있는 건강 있지 않으나 / 나 남이 없는 것 있으니
나 남이 못 본 것을 보았고 / 나 남이 듣지 못한 음성 들었고
나 남이 받지 못한 사랑 받았고 / 나 남이 모르는 것 깨달았네
공평하신 하나님이 / 나 남이 가진 것 나 없지만
공평하신 하나님이 / 나 남이 없는 것 갖게 하셨네"

그는 하나님은 공평하시다고 찬양했습니다.

말씀 속으로

1. 찬송은 하나님의 명령입니다.

성경에는 찬양, 찬미, 노래, 송축 등 찬양에 관련된 단어가 약500여회 나옵니다. 그중에서도 시편에 가장 많이 나오는데 시편에는 하나님을 찬양하리라라는 고백과 함께 찬양하라 송축하라는 명령형이 대부분입니다. 본문에는 천사도 찬양하고 군대도 찬양하며 해, 달, 별들도 찬양하고 물들도 찬양하라고 명령하고 있습니다. 또한 땅과 바다, 산과 나무, 왕과 백성, 처녀총각, 노인, 아이 등 모든 사람과 모든 만물이 하나님을 찬양하라고 하였습니다(시148:7-12). 하나님을 찬양해야할 대상은 하늘땅 우주만물과 그 가운데 있는 모든 피조물들입니다. 그것들이 하나님을 찬양해야할 이유는 그것들이 하나님의 명령으로 지음을 받았기 때문입니다. 그러므로 모든 피조물들은 창조주 되시는 하나님을 찬양해야 합니다. 이것은 하나님의 명령입니다.

성경읽기/ 누가복음 19:40에서 예수님을 찬송하지 아니하면 누가 소리 지른다고 하였나요?

2. 찬송하는 것은 인간의 본분입니다.

본분이란 마땅히 해야 할 일, 반드시 해야 할 일을 가리킵니다.

시인은 시편 147:1에서 하나님을 찬송하는 것은 선하고 아름답고 마땅하다고 하였습니다. 즉 찬송은 인간이 마땅히 해야 할 도리라는 말입니다. 왜 찬송이 마땅히 해야 할 도리인가요? 인간은 하나님을 찬송하도록 지음을 받았기 때문입니다. 이사야서 43:21에서 하나님은 말씀하시기를 "이 백성은 내가 나를 위하여 지었나니 나의 찬송을 부르게 하려 함이니라"고 하셨습니다. 인간을 지으신 목적이 하나님을 찬송하도록 하기 위함이라는 것입니다. 그러므로 찬송은 인간의 본분이요 마땅히 해야 할 도리입니다. 본분과 도리를 벗어나는 것은 패역이요 죄가 됩니다. 하나님을 찬양하지 않는 모든 인간은 본분에서 벗어난 것입니다. 그리스도인들은 매일 찬양하는 시간을 가지므로 인간의 본분, 성도의 본문을 다해야 합니다.

성경읽기/ 시편 150:6에서 시인은 누구에게 하나님을 찬송하라고 하였나요?

3. 구원의 은혜를 찬양해야 합니다.

하나님께서 우리를 죄 가운데서 구원하실 때에 하나님의 어린 양되시는 예수님의 피로 말미암아 그의 의로 구원하셨습니다. 하나님께서는 예수 그리스도를 죽은 자 가운데서 부활시키시므로 그 능력으로 우리를 죄와 사망권세로부터 해방하셨습니다.

다윗은 시편103편에서 하나님을 찬양할 이유에 대하여 말하기를 "그가 네 모든 죄악을 사하시며 네 모든 병을 고치시며 네 생명을 파멸에서 속량하시고 인자와 긍휼로 관을 씌우시며 좋은 것으로 네 소원을 만족하게 하사" 라고 하였습니다(시103:3-4). 우리가 영원토록 하나님을 찬양할 이유가 바로 여기에 있습니다.

하나님이 우리 죄를 사하시고 우리를 구속하셨기 때문입니다.

또한 하나님은 우리의 간구를 들으시고 우리 병을 고치시며 좋은 것으로 우리의 소원을 만족케 하시는 우리 아버지가 되십니다. 그리스도인들은 이 크신 하나님의 은혜를 잊지 말라고 합니다.

성경읽기/ 시편 28:6을 읽고 시인은 왜 여호와를 찬송한다고 하였는지 말해봅시다.

나가는 말

하나님은 우주만물을 창조하시고 인간을 창조하신 창조주이십니다. 인간은 하나님을 찬양하도록 지음을 받았습니다. 그러므로 찬양은 인간의 본분입니다. 하나님을 찬양하는 것은 선한 일이며 아름다운 일입니다. 우리는 하나님의 창조와 구속과 그의 통치를 영원토록 찬양해야 합니다.

나눔의 시간

1. 오늘 말씀을 통하여 느낀 점을 말해봅시다.
2. 하나님의 구속의 은혜를 인하여 얼마 만큼 감사하며 찬양하였는지 말해봅시다.

적용하기

오늘 말씀을 생활에 어떻게 적용할까 말해봅시다.

결단 및 합심기도

1. 인간의 본분인 찬송이 부족한 것을 고백하며 평생토록 찬송하며 살 것을 기도합시다.
2. 우리 구역부흥과 전도 대상자를 위하여 기도합시다.

감사 및 알림

헌금 및 기도, 교회소식, 구역소식, 다음모임, 주기도.

제31과 찬송의 능력

- 본문/ 역대하 20:21-23, 행16:24-26
- 인사/ 반갑습니다, 사랑합니다, 주님의 이름으로 축복합니다.
- 찬송/ 262, 380장
- 신앙고백 (기도)

말씀읽기

21 백성과 더불어 의논하고 노래하는 자들을 택하여 거룩한 예복을 입히고 군대 앞에서 행진
하며 여호와를 찬송하여 이르기를 여호와께 감사하세 그의 인자하심이 영원하도다 하게 하였
더니 22 그 노래와 찬송이 시작될 때에 여호와께서 복병을 두어 유다를 치러 온 암몬 자손과
모압과 세일 산 주민들을 치게 하시므로 그들이 패하였으니 23 곧 암몬과 모압 자손이 일어나
세일 산 주민들을 쳐서 진멸하고 세일 주민들을 멸한 후에는 그들이 서로 쳐죽였더라

생각하기/ 마지막 소원

한 청년이 6.25 동란 때 인민군에게 포로로 붙잡혀 총살 당하게 되었습니다. 마지막 소원이 무어냐고 묻기에 찬송이나 한 곡 부르겠다고 말했습니다. 그리하여 그는 죽음을 생각하며 찬송가 '하늘가는 밝은 길이' 를 불렀습니다. 1절을 마치고 2절을 부르기 시작했을 때 '탕탕' 하고 총성이 울렸습니다. 이제는 죽었구나 하고 눈을 감고 쓰러졌는데 잠시 후 깨어나 보니 아직 살아있는 것이었습니다. 찬송을 들은 인민군들 가운데 장로님 아들이 있었는데 찬송에 은혜를 받고 옆에 있는 인민군들을 다 사살해버리고서는 이 청년을 구해주었던 것입니다. 이 청년은 후에 신학을 하고 목사님이 되어 간증을 했습니다. 찬송이 그를 살린 것입니다.

말씀 속으로

1. 찬송할 때 하나님이 일하십니다.

모압, 암몬, 마온 사람들이 연합하여 유다의 여호사밧 왕을 치기 위해 쳐들어 왔습니다. 이때 여호사밧 왕은 저들을 대적할 만한 군대도 없었고 힘이 없었습니다(대하20:12). 그는 먼저 하나님께 기도하였습니다. "우리를 치러오는 이 큰 무리를 우리가 대적할 능력이 없고 어떻게 할 줄도 알지 못하옵고 오직 주만 바라보나이다." 그때 하나님께서 "걱정하지 말라 너희가 싸울 것이 없다"고 응답해주셨습니다. 여호사밧 왕은 하나님을 찬양한 뒤 찬양대원을 세우고 군대 앞에서 행진하며 하나님을 찬양케 하였습니다(대하20:21). 찬송이 시작될 때 하나님께서 복병을 두어 적군을 치게 하시므로 유다백성이 대승을 거두었습니다.

하나님은 찬송할 때 일하십니다. 하나님은 찬송 중에 거하신다고 하였습니다. 찬송은 적을 물리치는 능력이 있습니다.

성경읽기/ 시편 22:3에서 하나님은 어디에 거하시는 주라고 하였는지 말해봅시다.

2. 찬송할 때 기적이 일어납니다.

바울과 실라가 빌립보에 가서 복음을 전하다가 귀신들려 점치는 여인을 고쳐주었습니다. 여인의 주인은 여인이 점을 치지 못하므로 수입이 끊어지자 바울을 고소하였습니다. 바울과 실라는 사람을 고쳐주고 고소를 당하여 감옥에 갇히게 되었습니다. 인간적으로는 억울하지만 그들은 복음 전하다가 당하는 고난이라 생각하고 원망 불평하지 않고 옥에서도 기도하며 찬송을 불렀습니다. 그때 놀라운 일이 일어났습니다. 옥터가 흔들리더니 옥문이 열리고 그들을 묶어 놓은 쇠사슬이 풀렸습니다(행16:26).

기적이 일어난 것입니다. 찬송하면 기적이 일어납니다.

가정에 문제가 있고 사업에 문제가 있고 앞이 막힐 때는 기도하고 찬송해야 합니다. 찬송은 하나님을 기쁘시게 하는 노래입니다. 하나님은 찬송할 때 기뻐하시며 기적을 베푸십니다.

성경읽기/ 이사야서 38:20을 읽고 히스기야 왕은 왜 종신토록 노래하리라고 하였는지 말해봅시다.

3. 찬송하면 악귀도 도망갑니다.

사울 왕이 겸손했을 때는 하나님께 쓰임 받았으나 교만하여 하나님의 명령을 거역하고 하나님의 영역을 침범함으로 버림을 받게 되었습니다. 하나님께 버림받자 하나님이 영이 사울에게서 떠나가고 악령이 들어가 사울을 괴롭혔습니다. 사울이 악귀에게 시달림을 당하자 신하들이 수금 잘 타는 사람을 불러 수금을 타면 악령이 떠날 테니 수금 타는 사람을 구해오게 하라고 청하였습니다. 그리하여 다윗을 불러 수금을 타며 찬양하게 하였습니다. 사울이 악령에게 시달릴 때 다윗이 수금을 타며 찬양을 부르자 악신이 떠나갔습니다(삼상16:14-23). 마귀는 찬송을 싫어하고 제일 무서워합니다.

귀신들린 사람을 놓고 찬송을 부르면 귀신이 발악을 하다가 떠나갑니다. 집에서 찬송을 자주 부르면 마귀가 들어오지 못합니다. 성도의 가정에는 찬송이 울려 퍼져야 합니다.

성경읽기/ 시편 119:164에서 시인은 주의 의로운 규례를 인하여 하루 몇 번씩 주를 찬양한다고 하였나요?

나가는 말

일본의 한 단체에서 실험을 했습니다. 꽃을 심고 꽃을 향하여 찬송을 들려

주었습니다. 그랬더니 그 꽃들이 라디오를 향해 활짝 피었습니다. 한 곳에는 똑같이 꽃을 심고 꽃을 향하여 락음악을 들려주었습니다. 그랬더니 그 꽃들은 모두 라디오 반대쪽을 향해 있고 꽃들이 제대로 피지를 않았습니다. 무우를 심고 똑같이 실험을 했습니다. 찬송을 들은 무우는 최상품으로 자랐습니다. 반대로 락음악을 들은 무우는 무우가 비틀어지고 볼품없이 자랐습니다. 찬송은 능력이 있습니다. 찬송을 많이 하면 가정이 변화되고 문제가 해결됩니다.

나눔의 시간

1. 오늘 말씀을 통하여 느낀 점을 말해봅시다.
2. 찬송을 통하여 받은 은혜가 있으면 이야기 해봅시다.

적용하기

오늘 말씀을 생활에 어떻게 적용할까 말해봅시다.

결단 및 합심기도

1. 정성 없이 부른 찬송이 있으면 회개하고 찬송을 많이 부르므로 능력을 체험할 것을 다짐하며 기도합시다.
2. 우리 구역부흥과 전도 대상자를 위하여 기도합시다.

감사 및 알림

헌금 및 기도, 교회소식, 구역소식, 다음모임, 주기도.

제32과 찬송의 방법

- 본문/ 시편 150:1-6
- 인사/ 반갑습니다, 사랑합니다, 주님의 이름으로 축복합니다.
- 찬송/ 96, 250장
- 신앙고백 (기도)

말씀읽기

1 할렐루야 그의 성소에서 하나님을 찬양하며 그의 권능의 궁창에서 그를 찬양할지어다 2 그
의 능하신 행동을 찬양하며 그의 지극히 위대하심을 따라 찬양할지어다 3 나팔 소리로 찬양하
며 비파와 수금으로 찬양할지어다 4 소고 치며 춤추어 찬양하며 현악과 퉁소로 찬양할지어다
5 큰 소리 나는 제금으로 찬양하며 높은 소리 나는 제금으로 찬양할지어다 6 호흡이 있는 자마
다 여호와를 찬양할지어다 할렐루야

생각하기/ 무신론자 죠셉 하트의 고백 찬송시 96장

죠셉 하트는 1712년 영국 런던에서 출생한 철저한 무신론자였습니다. 뿐만 아니라 기독교를 싫어하여 기독교를 타도하는 데도 철저히 앞장섰던 사람이었습니다. 1757년, 그의 나이 45세 되던 해 어느 주일날이었습니다. 집 가까이에 있는 교회에 갔습니다. 교회에 간 이유는 교회를 비판할 자료를 얻기 위해서였습니다. 목사님이 계시록 3:9을 가지고 설교를 하였는데 그 말씀을 들으면서 그는 통회자복하고 예수님을 믿게 되었습니다. 그는 회심 후 많은 찬송시를 썼습니다. 그가 쓴 찬송시 중 96장 "예수님은 누구신가"는 잘 알려진 찬송으로 자신이 그렇게 싫어했고 반박하였던 예수가 알고 보니 그렇게 좋고 위대하고 아름다우신 분이신 것을 고백하는 찬송입니다.

말씀 속으로

1. 감사함으로 소리 높여 찬양합니다.

하나님은 하늘과 땅 우주만물의 주인이십니다. 사람은 누구를 대할 때 그분의 지위와 신분에 맞게 대하여야 합니다. 외국의 사절단이 왔을 때 그들을 환영하기 위해 축하공연을 하는 자들은 철저하게 준비하여 정성을 다해 노래를 부르며 공연을 합니다. 또한 결혼식을 할 때에 축하노래를 부르는 자들도 열심히 준비하여 정성을 다해 부릅니다. 사람을 위하여 부르는 노래도 준비하여 정성을 다한다면 만왕의 왕 되시고 만물의 주인 되시는 하나님을 찬양할 때 소리 높여 정성을 다해야 함은 당연합니다.

또한 하나님의 은혜를 생각하며 감사함으로 찬양을 드려야 합니다. 다윗은 "내가 노래로 하나님의 이름을 찬송하며 감사함으로 하나님을 광대하시다 하리니 이것이 소 곧 황소를 드림보다 여호와를 더욱 기쁘시게 함이 될 것이라"(시69:30)고 하였습니다. 찬양은 가사를 생각하며 곡조에 맞추어 정성 다해 불러야 합니다.

성경읽기/ 시편 147:7에서 시인은 하나님을 어떻게 찬양하라고 하였는지 말해봅시다.

2. 악기로 찬양합니다.

시편 150편은 하나님을 찬양하는 시입니다. 짧은 6절 가운데 찬양하라는 말씀이 12번 나옵니다. 그리고 찬양할 때 장소와 찬양의 이유와 방법까지도 가르쳐주고 있습니다. 시인은 성소에서 찬양할 뿐만 아니라 궁창에서 찬양하라고 합니다. 궁창은 공기가 있는 대기권을 말합니다. 생명체가 살 수 있는 모든 곳에서 찬양하라는 말입니다. 그리고 각종 악기를 동원하여 찬양하라고 하였습니다. 나팔과 비파와 소고와 현악과 퉁소와 제금으로 찬양하라고 하였습니다. 오늘로 말하면 바이올린, 비올라, 첼로, 콘트라베이스, 하프, 만도린 등의 현악기로 찬양하며, 나팔 즉 트럼펫, 코넷, 호른, 트럼본, 튜바, 색소폰 등 금관악기로 찬양하고 또한 팀파니, 심벌즈, 트라이앵글, 탬버린 등의 타악기로 찬양하라 즉 모든 악기를 동원하여 찬양하라는 말입니다. 사람을 즐겁게 하기 위하여 각종 악기를 동원한다면 모든 악기를 동원해서 하나님을 찬양을 해야 합니다.

성경읽기/ 시편 69:31을 읽고 다윗은 하나님을 찬양하는 것이 무엇보다 기쁘시게 하는 것이라고 하였는지 말해봅시다.

3. 춤추며 찬양합니다.

시인은 하나님을 찬양할 때 춤추며 찬양하라고 했습니다(4절).

또한 손을 들고 찬양하며 손바닥을 치며 즐겁게 찬양하라고 했습니다(시 134:2, 47:1).

다윗은 하나님의 법궤를 예루살렘 다윗 궁으로 옮겨올 때 온 백성들과 함께 여러 가지 악기를 연주하며 하나님을 찬양하였고(삼하6:5) 춤을 추며 찬양하였습니다. 이것을 본 그의 부인 미갈이 왕이 체통도 없이 저게 뭐냐는 식으로 업신여기며 비웃었습니다(삼하6:14-16). 그로 인해 미갈은 죽는 날까지 자식을 낳지 못하였습니다(삼하6:23). 하나님은 춤추며 찬양하는 것을 기뻐하십니다.

우리는 내가 할 수 있는 모든 동작, 워쉽 댄스, 몸 찬양, 손 율동 등으로 하나님을 찬양할 수 있어야 합니다.

성경읽기/ 시편 47:1에서 무엇을 치며 즐거운 소리로 외치라고 하였는지 말해봅시다.

나가는 말

기독교는 찬양의 종교입니다. 하나님은 우리에게 찬양 받으시기를 원하십니다. 세상 사람들은 세상노래를 부릅니다. 그러나 예수 믿는 사람들은 하나님을 찬양하는 노래를 불러야 합니다. 하나님을 찬양하는 것은 우리에게 주어진 특권입니다. 우리는 목소리로 찬양하며, 손뼉 치며 찬양하고, 춤추며 찬양하며 모든 악기를 동원하여 하나님을 찬양해야 합니다.

나눔의 시간

1. 오늘 말씀을 통하여 느낀 점을 말해봅시다.
2. 찬양할 때 손뼉을 치는 것이나 춤을 추는 것에 대하여 어떻게 생각하고 있는지 나눠봅시다.

적용하기

오늘 말씀을 생활에 어떻게 적용할까 말해봅시다.

결단 및 합심기도

1. 손뼉 치며 춤추는 것, 몸을 흔들며 찬양하는 것을 싫어했거나 거부감을 느꼈다면 회개하고 이제부터 마음껏 손뼉 치고 춤추며 찬양할 것을 다짐하며 기도합시다.
2. 우리 구역부흥과 전도 대상자를 위하여 기도합시다.

감사 및 알림

헌금 및 기도, 교회소식, 구역소식, 다음모임, 주기도.

제33과 때와 시기

- 본문/ 데살로니가전서 5:1-3
- 인사/ 반갑습니다, 사랑합니다, 주님의 이름으로 축복합니다.
- 찬송/ 176, 179장
- 신앙고백 (기도)

말씀읽기

1 형제들아 때와 시기에 관하여는 너희에게 쓸 것이 없음은 2 주의 날이 밤에 도둑 같이 이를
줄을 너희 자신이 자세히 알기 때문이라 3 그들이 평안하다, 안전하다 할 그 때에 임신한 여자
에게 해산의 고통이 이름과 같이 멸망이 갑자기 그들에게 이르리니 결코 피하지 못하리라

생각하기/ 원폭투하

1945년 8월 6일은 미국이 일본 히로시마에 원자탄을 투하한 날입니다. 이 일로 일본이 전격 항복하고 우리나라가 해방을 맞이하게 되었습니다. 안타까운 것은 원자탄 투하를 앞두고 여러 차례 삐라를 뿌리며 경고했지만 많은 사람들이 이를 무시하다가 변을 당했다는 사실입니다. 삐라에는 이런 글귀가 적혀 있었다고 합니다. "시민 여러분! 8월6일 0시까지 히로시마 50리 밖으로 피신하십시오! 무서운 폭탄이 투하될 것입니다." 그러나 극소수의 사람들만 피신하고, 대다수가 설마하며 일상생활을 하였습니다. 드디어 8월6일 오전6시15분 히로시마 상공에 나타난 B-29 폭격기가 물체 하나를 투하했습니다. 순간 히로시마 도시 전체는 폐허로 변했고 24만 명의 시민 중 14만 명이 희생되고 남은 사람들도 방사능 후유증으로 고생하게 되었습니다. 만약 사람들이 그 경고를 순순히 받아들였더라면 많은 인명피해는 막았을 겁니다.

말씀 속으로

1. 때를 알라고 합니다.

바울사도는 데살로니가 교회에게 때와 시기에 관하여는 너희에게 쓸 것이 없다고 하였습니다. 이는 몰라서 쓸 것이 없다는 말이 아니라 너희가 자세히 알고 있으니 쓸 것이 없다고 한 것입니다. 데살로니가 성도들은 주의 날이 밤에 도둑같이 이를 줄을 알고 있었습니다. 밤에 도둑같이 이른다는 말은 갑자기 닥친다는 뜻입니다. 도둑이 예고 없이 들이닥치듯 주님의 날이 갑자기 이르기 때문에 항상 맞을 준비를 하고 있으라는 말씀입니다.

또한 주님의 임하심은 임신한 여자에게 해산의 고통이 이름과 같이 갑자기 이른다고 하였습니다. 이 말씀 속에는 깊은 의미가 있는데 주님이 갑자기 오신다는 의미와 더불어 때를 어느 정도 예측할 수 있다는 의미도 있습니다. 임산부는 해산 고통이 언제 올지 정확히는 모르나 해산날이 다가옴에 따라 어느 때쯤 오지 않을까 예측은 할 수 있습니다. 우리는 주님의 재림의 날은 알 수 없으나 징조를 보아 때와 시기를 분별할 수 있어야 합니다.

성경읽기/ 마태복음 16:3에서 주님은 날씨는 분별할 줄 알면서 무엇을 분별 못한다고 책망하였나요?

2. 징조로 분별해야 합니다.

예수님은 재림의 날과 시는 알려주지 않았지만 재림과 종말의 징조에 대해서는 곳곳에서 말씀해 주셨습니다. 예수님이 말씀하신 마태복음 24장과 누가복음 21장에 나타난 대표적인 징조들을 보면

- 처처에 기근(굶주림)과 지진과 온역이 있으리라 (눅21:11)
- 곳곳에서 많은 재난(홍수 쓰나미 등)이 발생하리라 (눅21:25)
- 민족 간의 전쟁과 내분이 곳곳에서 일어나리라 (마24:7)

- 거짓 선지자와 거짓 종교가 많이 일어나리라 (마24:11)
- 사랑이 식어지고 불법이 성행하리라 (마24:12)
- 복음이 땅 끝까지 전파되리라 (마24:14)
- 이스라엘이 나라가 회복되고 독립하리라 (마24:32) 등

예수님은 이와 같은 일들이 일어나는 것을 보거든 세상 끝과 예수님이 오실 때가 가까이 온 줄 알라고 하셨습니다.

성경읽기/ 디모데후서 3:2을 읽고 말세에 특징 여덟 가지에 대하여 말해봅시다.

3. 깨어 있어야 합니다.

예수님은 주님을 맞이 하려면 깨어 있으라고 하셨습니다(마25:13) 깨어 있으라는 말은 항상 기도하며 말씀 묵상하며 죄를 멀리하고 말씀 따라 살라는 말입니다.

유럽의 어부들이 먼 북쪽바다에서 청어를 잡아 런던으로 가져갔는데 도착해 보니 거의 다 죽어 있었습니다. 그런데 한 어부의 배에 있는 청어들은 싱싱하게 살아 있었습니다. 어부들이 그 이유를 묻자 청어를 넣은 통에다 메기를 한 마리씩 넣었다는 것입니다. 그러자 동료 어부들이 "그러면 메기가 청어를 잡아먹지 않습니까?" 고 묻자 "네, 메기가 청어를 잡아먹습니다. 그러나 놈은 청어를 두세 마리 밖에 못 잡아 먹지요. 그 통 안에 있는 수백 마리의 청어들은 잡혀 먹히지 않으려고 계속 도망쳐 다닙니다. 그래서 런던에 도착해도 청어들은 여전히 살아 싱싱합니다." 메기로부터 살아나기 위해 깨어 도망다니다 보니 결국 청어들을 건강하게 살아 있게 된 것입니다.

성경읽기/ 베드로전서 5:8에서 왜 깨어라 고 하는지 말해봅시다.

나가는 말

한 아이가 아빠가 돌아오기를 손꼽아 기다렸습니다. 매일 정원에 나가 나뭇잎을 살폈습니다. 싹이 자라 커다란 나뭇잎이 되고, 어느덧 노랗게 변했습니다. 어느 날 아이는 마당에 나갔다가 나뭇잎이 무수히 땅에 떨어져 있는 것을 발견했습니다. 아이는 집안으로 뛰어 들어가 "엄마! 이제 아빠가 오실거예요." 하고 말했습니다. 엄마가 "네가 어떻게 아니?" 하고 묻자 아이는 "아빠가 그러셨는데 나뭇잎이 땅에 떨어지면 돌아오신다고 했어요"

주님께서는 우리에게 재림의 징조를 통하여 오실 때가 얼마나 가까운가를 알 수 있게 하셨습니다.

나눔의 시간

1. 오늘 말씀을 통하여 느낀 점을 말해봅시다.
2. 최근 세계에서 일어난 재난들 중 재림의 징조와 관련된 것들을 말해봅시다.

적용하기

오늘 말씀을 생활에 어떻게 적용할까 말해봅시다.

결단 및 합심기도

1. 때와 시기를 잘 분별하며 깨어 주님 맞을 준비하며 살기위해 기도합시다.
2. 우리 구역부흥과 전도 대상자를 위하여 기도합시다.

감사 및 알림

헌금 및 기도, 교회소식, 구역소식, 다음모임, 주기도.

제34과 적그리스도와 거짓선지자

- 본문/ 마태복음 24:4-5
- 인사/ 반갑습니다, 사랑합니다, 주님의 이름으로 축복합니다.
- 찬송/ 179, 358장
- 신앙고백 (기도)

말씀읽기

4 예수께서 대답하여 이르시되 너희가 사람의 미혹을 받지 않도록 주의하라 5 많은 사람이 내 이름으로 와서 이르되 나는 그리스도라 하여 많은 사람을 미혹하리라

생각하기/ 영생교

이 땅에서 죽지 않고 영원히 영생한다는 교리를 주장해온 영생교 교주 조희성이 2004년 6월 19일 사망했습니다. 영생교 신도들은 조희성을 구세주로 믿으면 죽지 않는 것은 물론이고 흰머리가 검게 되며, 끊어진 생리도 다시 시작된다고 믿어왔습니다. 그러한 교주가 사망했음에도 불구하고 신도들은 아직까지 그를 정도령, 이긴자, 구세주로 부르며 믿고 있습니다. 신도들은 전국 40여 개 지부에 흩어져 있습니다.

영생교 신도들은 주머니에 교주 조희성의 증명사진을 가지고 다니는데 그 이유는 교통사고 등 어려움을 당하는 순간 교주의 영이 바람처럼 날아와서 자신을 구해준다고 믿고 있기 때문입니다.

오늘 우리 주위에는 이렇듯 허무맹랑한 교리에 빠진 사람들과 미혹하는 이단 거짓 선지자들이 많이 있습니다.

말씀 속으로

1. 적그리스도

적그리스도란 그리스도를 대적하는 세력을 말합니다. 성경에는 마지막 때에 적그리스도가 나타난다고 말씀하고 있습니다. 바울사도는 마지막 때에 불법의 사람 멸망의 아들이 나타나는데 "그는 대적하는 자라 신이라고 불리는 모든 것과 숭배함을 받는 것에 대항하여 그 위에 자기를 높이고 하나님의 성전에 앉아 자기를 하나님이라고 내세우느니라"(살후2:4-5)고 했습니다. 역사이래로 그리스도를 대적하는 세력들이 많이 있었습니다. 이들은 모두 적그리스도의 모형들로 중간시대에 나타난 안티오쿠스나 로마시대 도미티아누스, 네로 등도 적그리스도의 모형입니다. 그러나 마지막 때에는 자신을 하나님이라 하며 자신을 숭배하도록 하는 적그리스도가 나타나게 됩니다. 그는 자신을 숭배하지 않는 자는 큰 자나 작은 자나 다 죽이라 할 것입니다(계13:15).

성경읽기/ 마가복음 13:13을 읽고 환란 때에는 어떤 자가 구원받는다고 하였는지 말해봅시다.

2. 거짓 선지자

예수님께서는 마지막 때가 되면 거짓 선지자가 많이 나타나 사람들을 미혹하리라고 하셨습니다(마24:11). 통계에 의하면 세계적으로 자칭 예수가 300여명이 있는데 그중 우리나라에 예수가 27명, 자칭 하나님이 39명이 있다고 합니다.

우리 주위에는 거짓 예수, 거짓 선지자, 이단들이 많이 나타났습니다. 저들은 거리마다 집집마다 다니며 사람들을 거짓 진리로 미혹합니다. 우리 주위에 있는 대표적인 거짓 선지자 이단들을 보면 기쁜 소식 선교회의 박옥수, 구원파의 권신찬, 조희성의 영생교, 김풍일의 실로 등대교회, 구인회의 새일교, 이만희의 신천지, 문선명의 통일교, 안상홍의 하나님의 교회 등 입니다. 거짓 선지자와 이단들의 특징은 모두 자신이 직접 계시를 받았다고 하거나 기성교회를 부인하고 모두 자기에게 와야 구원 받는다고 하며 사람들을 미혹합니다.

성경읽기/ 마태복음 7:15-16을 읽고 예수님은 이들에 대하여 뭐라고 말씀하셨는지 말해봅시다.

3. 미혹을 받지 않도록 주의해야 합니다.

요즘 우리 주위에서 가장 극성을 부리며 물의를 일으키는 거짓 종교 이단들은 신천지의 이만희와 안상홍 하나님의 교회, 박옥수 기쁜 소식 선교회 등 입니다.

신천지 이만희는 자신이 이긴 자요, 보혜사요, 참 목자라고 하고 기성교회를 바벨론이라 추수밭이라 하며 무너뜨리는 전략을 세우고 공격하고 있습니다. 그는 이단인 장막성전의 유재열 밑에서 배웠으며 유재열은 전도관의 박태선 밑에서 배운 자입니다. 박태선은 우리나라 대표적인 이단입니다. 그는 자신이 직접 주님으로부터 계시를 받고 보는 자로서 성경 저자와 동등한 자로 자칭하며 자신의 말과 저서는 성경과 같고 기성교회 목회자들의 말은 들을 가치가 없으며 신천지에 들어와야 구원 받는다고 미혹하고 있습니다. 예수님은 이같은 자들이 나타날 것을 미리 아시고 미혹을 받지 않도록 주의하라고 경계하셨습니다(마24:4-5).

성경읽기/ 마태복음 24:4-5에서 예수님은 마지막 때에 거짓 선지자들이 누구 이름으로 와서 많은 사람을 미혹한다고 하였나요?

나가는 말

오늘 우리가 사는 이 시대는 영적으로 어둡고 혼란의 시대입니다.

세계적으로도 혼란의 시대입니다. 정치적 혼란, 경제적 혼란, 사회적 혼란, 영적 혼란의 시대입니다. 지금 세계가 경제적인 위기를 맞고 있습니다. 사회적인 위기도 맞고 있습니다. 종교적인 혼합주의가 일어나고 자칭 예수들이 등장하며 거짓 선지자들이 판을 치고 기독교를 공격하고 있습니다. 이때 방심하며 이단에 넘어가고 또한 믿음에서 떨어질 수 있습니다. 이때에 더욱 말씀 중심으로 믿음에 굳게 서야 합니다.

나눔의 시간

1. 오늘 말씀을 통하여 느낀 점을 말해봅시다.
2. 이단들이나 거짓 종교로부터 전도를 받아 본적이 있는지 그들이 뭐라고 하며 접근하는가 나눠봅시다.

적용하기

오늘 말씀을 생활에 어떻게 적용할까 말해봅시다.

결단 및 합심기도

1. 거짓 선지자와 이단의 미혹에 빠지지 않고 말씀에 굳게 서고 교회 중심의 신앙생활 하도록 기도합시다.
2. 우리 구역부흥과 전도 대상자를 위하여 기도합시다.

감사 및 알림

헌금 및 기도, 교회소식, 구역소식, 다음모임, 주기도.

제35과 짐승의 표 666

- 본문/ 요한계시록 13:16-18
- 인사/ 반갑습니다, 사랑합니다, 주님의 이름으로 축복합니다.
- 찬송/ 336, 348장
- 신앙고백 (기도)

말씀읽기

16 그가 모든 자 곧 작은 자나 큰 자나 부자나 가난한 자나 자유인이나 종들에게 그 오른손에
나 이마에 표를 받게 하고 17 누구든지 이 표를 가진 자 외에는 매매를 못하게 하니 이 표는 곧
짐승의 이름이나 그 이름의 수라 18 지혜가 여기 있으니 총명한 자는 그 짐승의 수를 세어 보
라 그것은 사람의 수니 그의 수는 육백육십육이니라

생각하기/ 익투스와 마라나타

초대교회 성도들의 신앙을 대변하는 두개의 중요한 단어가 있었습니다. 하나는 '익투스' 입니다. 이 말은 희랍어로 '물고기' 라는 뜻입니다. 그런데 이 단어는 '예수 그리스도 하나님의 아들 구세주' 라는 뜻의 첫 글자를 모은 말입니다. 그래서 그들은 비밀스럽게 물고기의 모양을 그리며 서로를 향해 그리스도인 임을 알려주었습니다. 그리고 다른 단어는 '마라나타' 입니다. 이 말은 아람어로 '주 예수여 어서 오시옵소서' 라는 뜻입니다. 이는 계시록의 마지막에 나오는 말씀입니다.

'익투스와 마라나타' 의 신앙. 이것은 저들의 부활신앙이요 재림신앙이었습니다. 저들은 부활신앙과 재림신앙을 가지고 환난을 이기며 믿음을 지켰습니다.

말씀 속으로

1. 666이란 무엇인가?

계시록 13:18에 육백육십육이란 용어가 처음 나옵니다. 그리고 이것을 짐승의 수 또는 짐승의 표라고 말하고 있습니다(계13:17). 그러므로 666은 짐승의 표요 짐승의 수입니다. 그럼 짐승이 무엇인가를 아는 것이 중요합니다. 짐승은 사탄의 2인자입니다. 사탄도 성부 성자 성령 삼위일체 하나님을 흉내 내어 용 짐승 거짓 선지자로 삼위일체를 조직했는데 이것이 짐승의 수 666입니다. 본래 6은 완전수에서 하나 모자란 수로 사람의 수며 또한 마귀의 수라고 합니다. 중요한 문제는 이 짐승의 표를 모든 사람에게 받게 한다는 것입니다(16절). 만일 이 표를 받지 아니하면 매매를 할 수 없게 됩니다(17절). 이 표를 이마나 오른손에 받게 한다고 하였는데 이 표를 받는 것은 곧 마귀의 인을 받는 것입니다. 앞으로 사람의 이마나 손에 어떤 칩이나 표가 새겨질 경우 절대로 받아서는 아니 됩니다.

성경읽기/ 계시록 16:2을 읽고 첫째 천사가 대접을 땅에 쏟을 때 누구에게 악하고 독한 종기가 난다고 하였는지 말해봅시다.

2. 이 표를 받으면 어떻게 되는가?

계시록 14:9-11에 보면 이 표를 받는 자의 결과가 나타납니다. "만일 누구든지 그 짐승과 우상에게 경배하고 이마에나 손에 표를 받으면 그도 하나님의 진노의 포도주를 마시리니 그 진노의 잔에 섞인 것이 없이 부은 포도주라 거룩한 천사들 앞과 어린 양 앞에서 불과 유황으로 고난을 받으리니 그 고난의 연기가 세세토록 올라가리로다. 짐승과 그의 우상에게 경배하고 그 이름의 표를 받는 자는 누구든지 밤낮 쉼을 얻지 못하리라." 고 하였습니다. 누구든지 짐승의 표를 받으면 유황 불타는 지옥으로 가게 됩니다. 그러므로 어떤 고난이 닥치고 환난이 와도 이 표를 받아서는 안됩니다. 죽음을 각오하고 믿음을 지켜야 합니다.

성경읽기/ 계시록 14:12에서 성도의 인내가 여기 있으니 그들은 무엇을 지키는 자들이라고 하였나요?

3. 언제 666표를 찍게 되는가?

666표는 적그리스도가 등장할 즈음부터 찍히게 될 것입니다.

적그리스도가 전 세계를 통치하는 수단으로 이 표를 받도록 강요할 것입니다. 이 표는 매매와 관련이 있습니다. 이 표는 신분증 역할 뿐만 아니라 카드, 여권, 보험증 등 모든 역할을 합니다. 그러므로 이 표가 없으면 매매를 할 수 없다고 밝혀주고 있습니다(계13:17).

이표는 현대인들에게 가장 편리한 표가 될 것입니다. 이 표만 있으면 물건을 자유롭게 사고 팔수 있으며 전 세계 어느 나라를 가더라도 신분이 확인되며 돈이나 물건의 도난이나 분실의 염려가 없고 도적이나 범죄의 염려가 없게 됩니다. 그러므로 사람들은 너도나도 앞장 서서 이 표를 받게 될 것입니다. 이 표를 받지 않으면 살길이 막막해지게 됩니다. 그때 교회의 배교도 일어날 것입니다. "이 표는 짐승의 표가 아니다. 현대 문명의 산물이니 받아도 된다."고 하는 자들이 나올 것입니다 그러나 이 표를 받는 것은 지옥행 입니다. 지옥 티켓을 받는 것입니다. 어떤 환경에서도 손이나 이마에 표나 칩을 받아서는 안됩니다.

성경읽기/ 누가복음 21:36에서 예수님께서는 장차 올 이 모든 일을 피하고 인자 앞에 서도록 무엇을 하라고 하였나요?

나가는 말

마지막 때에 대 혼란기가 올 것입니다. 그때에 적그리스도가 세계를 통치하기 위한 수단으로 666표를 받게 할 것입니다. 이 시대는 주민증 여권 카드 등의 도난 및 위조 분실을 막기 위해 사람 손이나 몸에 칩을 주입하려 합니다. 이미 동물에 실험하여 성공하였습니다. 이는 짐승의 표를 받기 위한 준비일 것입니다. 악은 모든 모양이라도 버리라고 하였으니 매매와 관련되는 어떤 형태의 표나 칩도 몸에 주입하지 말아야 할 것입니다.

나눔의 시간

1. 오늘 말씀을 통하여 느낀 점을 말해봅시다.
2. 짐승의 표를 받지 아니하므로 매매를 못하고 자녀들이 앞에서 울며 굶어 죽어가게 된다면 어떻게 할 것인가 나눠봅시다.

적용하기

오늘 말씀을 생활에 어떻게 적용할까 말해봅시다.

결단 및 합심기도

1. 앞으로 환난이 닥치고 적그리스도가 등장하고 666표를 받게 하는 상황이 온다 할지라도 믿음 지키기 위하여 기도합시다.
2. 우리 구역부흥과 전도 대상자를 위하여 기도합시다.

감사 및 알림

헌금 및 기도, 교회소식, 구역소식, 다음모임, 주기도.

제36과 최후의 심판

- 본문/ 요한계시록 20:12-14
- 인사/ 반갑습니다, 사랑합니다, 주님의 이름으로 축복합니다.
- 찬송/ 240, 359장
- 신앙고백 (기도)

말씀읽기

12 또 내가 보니 죽은 자들이 큰 자나 작은 자나 그 보좌 앞에 서 있는데 책들이 펴 있고 또 다른 책이 펴졌으니 곧 생명책이라 죽은 자들이 자기 행위를 따라 책들에 기록된 대로 심판을 받으니
13 바다가 그 가운데에서 죽은 자들을 내주고 또 사망과 음부도 그 가운데에서 죽은 자들을 내주매 각 사람이 자기의 행위대로 심판을 받고
14 사망과 음부도 불 못에 던져지니 이것은 둘째 사망 곧 불 못이라

생각하기/ 폼페이의 최후

이태리 남부에 위치한 폼페이는 주전 5세기경부터 번영하여 주후 1세기에 화산재에 덮혀 사라진 도시입니다. 주후 18세기경에 발굴된 화석들과 유적들을 보면 당시 폼페이가 얼마나 화려한 향락의 도시 쾌락의 도시였는가를 알 수 있습니다. 폼페이는 주피터 신전과 음악당, 목욕탕과 원형경기장 등의 위락시설을 갖춘 로마 귀족들 사이에 인기 높은 휴양지로 화려한 도시였습니다. 특히 발굴된 화석에는 남녀가 부등켜 있는 많은 화석들이 있어 폼페이가 성적 향락과 쾌락을 즐기는 도시였음을 보여주고 있습니다. 폼페이는 화산재에 덮이기 전 여러 차례의 징조가 있어 경고를 하였지만 사람들은 대수롭지 않게 여겼고 79년 8월24일 베수비오 화산의 폭발로 한 순간에 화산재에 덮혀 2만 여명의 시민과 도시가 사라져 버린 비극적인 최후를 맞은 도

시입니다.

말씀 속으로

1. 최후의 심판이란 무엇인가?

최후의 심판이란 모든 인류가 예수님 앞에서 심판을 받아 그의 운명이 영원히 결정되는 심판을 말합니다. 성경에는 곳곳에서 이 심판이 있음을 가르쳐 줍니다. "한번 죽는 것은 사람에게 정하신 것이요 그 후에는 심판이 있다고 하였고"(히9:27)

바울사도는 "우리가 다 반드시 그리스도의 심판대 앞에 들어가 각각 선악간에 그 몸으로 행한 것을 따라 받으려 함이라"(고후 5:10)고 하였습니다. 하나님께서는 예수님께 심판하는 권세를 주셨습니다(요5:27). 예수님은 다시 오실 때 천사들과 함께 와서 모든 민족을 불러 모아 선악 간에 각 사람의 행한 대로 심판하십니다(마25:32). 그 때는 죽은 자도 다 살아나서 심판을 받게 됩니다. "바다가 그 가운데서 죽은 자를 내어주며 사망과 음부도 죽은 자를 내어주어 각 사람이 자기의 행한 대로 심판을 받으리라"(계20:13)고 하였습니다.

성경읽기/ 마태복음 16:27에서 예수님께서는 천사들과 함께 오셔서 어떻게 갚으신다고 하였는지 말해봅시다.

2. 무엇을 심판하시는가?

1) 각 사람의 행위를 심판하십니다(고후5:10). 예수님께서는 각 사람의 행위대로 갚아 주시겠다고 하셨습니다(계2:23).

2) 각 사람이 한 말에 대하여 심판하십니다.

예수님께서는 "사람이 무슨 무익한 말을 하든지 심판 날에 이에 대하여 심문을 받으리니 네 말로 의롭다 함을 받고 네 말로 정죄함을 받으리라"(마

12:36-37)고 하셨습니다. 심판 때에는 우리가 한 모든 말을 자기 입으로 직고하게 됩니다. 남을 비판하고 정죄하고 아프게 하는 말을 하면 말에 대한 심판을 받게 됩니다.

3) 마음의 생각과 숨은 죄와 은밀한 것까지도 심판하십니다.

솔로몬은 "하나님은 모든 행위와 모든 은밀한 일을 선악 간에 심판하시리라"(전12:14)고 하였습니다. 심판 때에는 마음으로 욕하고 미워하고 시기하고 질투했던 것들도 모두 나타나게 됩니다. 또한 드러나지 않는 모든 죄와 마음속으로 품은 죄와 눈으로 범한 죄까지도 모두 심판 받게 됩니다(마5:28-29).

성경읽기/ 로마서 2:16을 읽고 하나님이 그리스도로 말미암아 무엇을 심판하신다고 하였는지 말해봅시다.

3. 누구를 심판하시는가?

1) 모든 죽은 자가 다 살아나 심판을 받습니다.

"죽은 자들이 자기의 행위를 따라 심판을 받음이라 바다가 그 죽은 자들을 내어 주고 사망과 음부도 죽은 자들을 내어 주매 각 사람이 자기의 행위대로 심판을 받고"(계20:12-13)

2) 범죄한 천사들이 심판을 받습니다.

"자기 지위를 지키지 아니하고 자기 처소를 떠난 천사들을 큰 날의 심판까지 영원한 결박으로 흑암에 가두었으니"(벧후 2:4.유1:6) 이들은 타락한 천사, 마귀의 사자들을 말합니다.

3) 모든 나라 모든 민족이 심판을 받습니다.

예수님께서는 다시 오실 때 모든 민족을 그 앞에 모으고 심판하여 천국과 지옥으로 보낸다고 하셨습니다(마25:32-34). 최후의 심판 때는 모든 나라, 모든 사람, 산자나 죽은 자나 천사들 마귀들 모두가 심판을 받게 됩니다.

성경읽기/ 계시록 20:15을 읽고 생명책에 기록되지 못한 자는 어떻게 된다고 하였는지 말해봅시다.

나가는 말

심판에는 두 종류가 있습니다. 믿는 자와 믿지 않는 자를 구분하여 천국가고 지옥가게 하는 심판이 있습니다. 다음은 행한 대로 갚으시는 행위심판이 있습니다. 행위심판은 선을 행한 자는 상급과 면류관을 받게 되고 행위가 없으면 부끄러운 구원을 받게 됩니다. 악을 행한 자는 영원한 형벌에 처하게 됩니다. 심판이 있음을 알고 그때에 상 받을 일을 하는 자가 지혜로운 자입니다.

나눔의 시간

1. 오늘 말씀을 통하여 느낀 점을 말해봅시다.
2. 나는 심판 때 상을 받을 만한 일을 얼마나 했는지 나눠봅시다.

적용하기

오늘 말씀을 생활에 어떻게 적용할까 말해봅시다.

결단 및 합심기도

1. 주님은 심판 때에 행한 대로 갚으시고 은밀한 것까지도 심판하신다고 하였는데 은밀한 죄가 있으면 회개합시다.
2. 우리 구역부흥과 전도 대상자를 위하여 기도합시다.

감사 및 알림

헌금 및 기도, 교회소식, 구역소식, 다음모임, 주기도.

제37과 사탄의 기원과 정체

- 본문/ 이사야서 14:12-14
- 인사/ 반갑습니다, 사랑합니다, 주님의 이름으로 축복합니다.
- 찬송/ 348, 342장
- 신앙고백 (기도)

말씀읽기

12 너 아침의 아들 계명성이여 어찌 그리 하늘에서 떨어졌으며 너 열국을 엎은 자여 어찌 그리 땅에 찍혔는고 13 네가 네 마음에 이르기를 내가 하늘에 올라 하나님의 뭇 별 위에 내 자리를 높이리라 내가 북극 집회의 산 위에 앉으리라 14 가장 높은 구름에 올라가 지극히 높은 이와 같아지리라 하는도다

생각하기/ 마귀의 사신 네로

네로는 로마를 다시 건설하고 싶었는데 옛 가옥들이 너무 많아 도시 계획에 어려움이 있었습니다. 그래서 로마에 불을 지른 후 그리스도인들이 방화를 했다고 조작하였습니다. 그리스도인들은 방화범으로 몰려 많은 박해를 당하며 순교했습니다. 그들은 사자밥이 되기도 하였고 짐승의 가죽을 덮어 쓴 채 야생견(犬)들에게 갈기갈기 찢겨졌습니다. 그리스도인들은 십자가형을 당하였고 기름 가마에 던져졌으며 네로의 궁으로 가는 대로(大路) 변의 봉화불로 사용되었습니다. 그들은 기독교인이라는 이유로 무서운 고문을 당하였습니다. 네로는 사탄의 사신입니다. 그는 자기 부인인 옥타비아도 살해하고 자기 모친을 살해했으며 형제들도 살해했습니다. 네로 때 베드로도 순교 당하였고 사도바울도 순교 당하였습니다.

말씀 속으로

1. 사탄, 마귀의 기원과 정체

사탄과 마귀는 같은 자입니다. 성경에는 마귀를 사탄이라고도 하고 큰 용이라고도 하며 옛 뱀이라고도 칭합니다(계12:9). 또한 성경에는 사탄에 대하여 세상임금(요14:30), 세상 신(고후4:4) 아바돈, 아볼루온(계9:11) 정사 권세 어두움의 세상 주관자 등(엡6:2) 다양하게 쓰입니다. 그러나 대표적인 칭호가 마귀 또는 사탄입니다. 마귀란 헬라어로는 디아볼로스(διαβολος)로 악마, 중상자, 비방자를 뜻하며 사탄(Satan)은 악마의 총 우두머리를 칭하는 이름입니다. 사탄은 본래 하늘의 천사장 루시퍼(빛을 지닌 자)였습니다. 이사야 14:12에 아침의 아들 계명성이라고 했는데 계명성이란 빛나는 별이란 뜻입니다. 사탄은 천사들 중에서도 가장 영광스럽게 창조되었는데 그는 자기의 영화로움에 도취되어 하나님처럼 되려다가 쫓겨나 악마의 괴수 사탄이 되었습니다(사14:12-17. 겔28:12-19).

성경읽기/ 이사야서 14:14은 계명성의 타락 장면입니다 계명성이 마귀 사탄이 된 원인이 무엇인지 말해봅시다.

2. 귀신의 정체

사람들은 오랜 옛날부터 귀신이 있음을 믿어 왔으며 또한 과학 문명 시대인 현대에도 많은 사람들이 귀신의 존재를 직접 경험하고 있습니다. 귀신은 기독교는 물론 모든 종교에서 인정하고 있으며 불신자들도 대부분 인정하고 있습니다. 그러나 귀신의 정체에 대하여는 의견이 다양합니다. 고대인들은 귀신을 죽은 사람의 혼이라고 보았습니다. 오늘날도 귀신을 예수님을 믿지 않고 죽은 자의 혼으로 보는 자들이 있습니다. 어떤 이들은 귀신을 아담 이전에 심판 받은 사람들의 영혼이나 또한 노아 시대 때 죽은 자들의 혼이라고 보는 자들도 있습니다.

그러나 개혁주의에서는 귀신은 타락한 천사들로 봅니다. 예수님께서 최후 심판을 하실 때 왼편에 있는 자들을 향해 "마귀와 그의 사자들을 위하여 예비된 영영한 불에 들어가라"(마25:41) 고 하셨는데 여기 마귀의 사자들을 귀신으로 봅니다. 천사장 루시퍼가 교만하여 하나님처럼 높아지려다 쫓겨날 때 그와 함께 쫓겨난 타락한 천사들이 귀신들입니다.

성경읽기/ 마태복음 25:41에서 예수님은 영원한 불못인 지옥은 누구를 위해 예비하였다고 하였는지 말해봅시다

3. 사탄, 귀신의 하는 일

사탄은 공중에 본부를 두고 지상에 내려와 사람들을 유혹하여 죄를 짓게 하고 거짓 종교 이단들을 만들어 사람들을 미혹합니다.

저들은 악한 생각과 죄를 짓게 합니다(딤전 4:1) 귀신은 사람에게 탐욕, 음행, 간음, 도적질, 자살, 살인 등 각종 잘못된 생각과 사상을 주입시킵니다. 사람이 이것을 받아들이면 귀신이 틈타게 되고 잘못된 일을 반복하게 되면 귀신에게 사로잡히게 됩니다. 무당, 점쟁이, 심령술, 동양철학, 각종 우상 섬김, 좌절, 낙심, 부정적 사고, 자살의 충동, 싸움, 속임수, 거짓행위 등은 대부분 귀신에 의해서 조종되고 있는 것입니다.

귀신은 육체에 고통을 주며 병들게 합니다(마8:16). 예수님은 귀신으로 인해 병든 자들을 많이 고치셨는데 소경, 벙어리, 점치는 자 등을 고칠 때 귀신을 쫓아내고 고쳤습니다. 또한 마귀 귀신은 사람에게 시험, 환난, 죽음을 가져다 주기도 합니다(욥1:15).

성경읽기/ 마태복음 12:22에서 사람들이 누구를 예수님께 데리고 와서 고침 받았나요?

나가는 말

마귀 귀신은 실존하는 영적 존재들입니다. 이들은 불신자들을 사로잡아 우상을 섬기게 하며 믿는 자들을 유혹하여 넘어뜨리고 분열 분쟁케 하며 죄를 짓게 하고 하나님과 멀어지게 하는 것이 주업무입니다.우리는 마귀 귀신에게 이용 당하지 않도록 항상 정신을 차리고 근신하여 기도하며 말씀으로 무장해야 시험에 들지 않고 승리하게 됩니다.

나눔의 시간

1. 오늘 말씀을 통하여 느낀 점을 말해봅시다.
2. 마귀 귀신에게 이용 당한 적은 없는지 나눠봅시다.

적용하기

오늘 말씀을 생활에 어떻게 적용할까 말해봅시다.

결단 및 합심기도

1. 마귀 귀신에게 이용 당한 적은 없는지 살펴보고 있으면 회개하고 항상 정신을 차리고 말씀 따라 살 것을 다짐하며 기도합시다.
2. 우리 구역부흥과 전도 대상자를 위하여 기도합시다.

감사 및 알림

헌금 및 기도, 교회소식, 구역소식, 다음모임, 주기도.

제38과 성도의 영적싸움

- 본문/ 에베소서 6:11-13
- 인사/ 반갑습니다, 사랑합니다, 주님의 이름으로 축복합니다.
- 찬송/ 350, 358장
- 신앙고백 (기도)

말씀읽기

11 마귀의 간계를 능히 대적하기 위하여 하나님의 전신 갑주를 입으라 12 우리의 씨름은 혈과
육을 상대하는 것이 아니요 통치자들과 권세들과 이 어둠의 세상 주관자들과 하늘에 있는 악의
영들을 상대함이라 13 그러므로 하나님의 전신 갑주를 취하라 이는 악한 날에 너희가 능히 대
적하고 모든 일을 행한 후에 서기 위함이라

생각하기/ 영적싸움의 이유

신앙생활이란 바로 영적인 싸움입니다. 예수님을 믿자마자 우리가 사망에서 생명으로, 마귀의 종에서 그리스도의 종으로 바뀌었기 때문에 마귀가 가만있지 않습니다. 마귀는 우리가 육체를 지니고 있는 약함을 이용하여 유혹하고 세상 사람들을 통하여 핍박을 하기도 합니다. 그러므로 우리는 항상 깨어 있어야 합니다. 예수 그리스도께서 세상을 이기셨기 때문에 우리는 예수 안에서 승리할 수 있습니다. 신앙이 좋다는 말은 싸움을 잘한다는 말과 같습니다. 신앙이 병들면 항상 패잔병의 신세가 됩니다. 패하는 자는 언제나 패하는 버릇이 있고 이기는 자는 항상 이기는 버릇이 있습니다. 영적 싸움에서 승리하려면 어떻게 하여야 할까요?

말씀 속으로

1. 싸움의 대상을 알아야 합니다.

손자병법에 "지피지기면 백전백승"이란 말이 있습니다. 적을 알고 나를 알 때 100번 싸우면 100번 이긴다는 말입니다. 우리는 우리의 싸움의 대상을 알아야 합니다. 이 세상은 영적 전쟁터입니다. 바울사도는 우리의 싸움의 대상은 혈과 육에 관한 것이 아니요 어두움의 세상 주관자와 하늘에 있는 악의 영들에 대함이라고 하였습니다(엡6:12).

미국 일리노이 주의 스티븐 니콜슨 목사는 6년간 사역을 했는데 아무런 열매가 없었습니다. 그래서 금식하며 기도하는데 그 지역을 지배하는 악마가 나타나 왜 나를 괴롭히느냐며 방해를 하였습니다, 계속 금식하며 기도로 영적싸움에서 그를 물리치고 나니 3개월 만에 교회가 배로 부흥하였다고 했습니다. 어두움의 영들이 지역을 장악하고 있으면 전도를 해도 열매가 없습니다. 우리 주변에는 마귀 귀신들이 장악한 가정이나 지역들이 있습니다. 영적 분별력을 가지고 먼저 지역이나 가정을 장악한 영들을 정복해야 합니다.

성경읽기/ 고린도후서 4:4을 읽고 세상 신이 어떤 일을 한다고 하였는지 말해봅시다.

2. 영적으로 무장해야 합니다.

서아프리카의 어느 지역에서는 오랫동안 주술적인 능력을 지닌 나무로 알려진 악마의 나무를 자르라고 한 목사가 지시를 하여 마을 주민이 그 나무를 잘라내다가 죽는 일이 발생하였습니다. 아무런 준비 없이 달려들었다가 악령에게 당한 것이 됩니다.

싸움에서 준비 없이 무장하지 않고 나가면 패할 수밖에 없습니다. 바울사도는 영적싸움을 위해 하나님의 전신갑주를 입으라고 하였습니다. "마귀의 간계를 능히 대적하기 위하여 하나님의 전신 갑주를 입으라"(엡6:11) 이는 군인이 전쟁터에 나갈 때 완전 군장하고 나가는 것과 같습니다. 영적 무장은 진리의 띠를 띠고, 의의 흉배를 붙이고, 복음의 신을 신고, 믿음의 방패를 가지고, 구원의 투구를 쓰고, 성령의 검 하나님의 말씀을 가진 것입니다(엡6:14-17).

성경읽기/ 베드로전서 5:8을 읽고 마귀에게 삼키지 않으려면 어떻게 해야 하는지 말해봅시다.

3. 싸움의 방법을 알아야 합니다.

영적 싸움의 방법은 먼저 기도하는 것입니다. 바울사도는 마귀와 싸우기 위해 하나님의 전신갑주를 입은 뒤 모든 기도와 간구로 하라고 하였습니다(엡6:18). 그리스도인들의 싸움은 기도로 하는 것입니다. 어려운 일 있을 때도 기도해야 합니다. 시험이 닥치고 환난이 닥치고 고난이 닥칠 때에도 기도해야 합니다. 사탄의 공격이 있고 박해가 올 때도 기도해야 합니다. 기도는 가장 강한 무기입니다. 기도할 때 하나님께서 일하십니다. 여호수아는 기브온을 구하기 위해 아모리의 다섯 나라 연합군과 아얄론 골짜기에서 싸울 때 시간이 없어 해를 멈추게 해달라고 기도하니 하나님은 해가 멈추게 하셨습니다(수10:12-13).

다음은 말씀의 검을 사용해야 합니다. 예수님께서는 마귀의 시험이 있을 때 마귀에게 사탄아 물러가라고 명령했습니다(마4:10).

야고보는 하나님께 복종하고 마귀를 대적하라 그리하면 마귀가 너희를 피하리라고 하였습니다(약4:7). 예수님의 이름으로 귀신은 물러가라고 명령을 하는 것입니다.

성경읽기/ 마태복음 26:41을 읽고 예수님은 시험에 들지 않게 깨어 있어 무엇을 하라고 하였는지 말해봅시다.

나가는 말

사탄이 가장 싫어하는 것은 바로 기도하는 것이며 사탄이 가장 두려워하는 것은 우리가 기도라는 영적 전투를 수행하는 것입니다. 사탄에게 기도만큼 위협적인 것은 없습니다. 영적 전투는 우리가 무릎을 꿇을 때 시작됩니다. 기도는 사탄이 가장 두려워하는 영적 무기이기 때문에 사탄은 필사적으로 기도 생활을 방해합니다.

나눔의 시간

1. 오늘 말씀을 통하여 느낀 점을 말해봅시다.
2. 영적 싸움에서 패하거나 이긴 경험이 있으면 한 가지씩 말해봅시다.

적용하기

오늘 말씀을 생활에 어떻게 적용할까 말해봅시다.

결단 및 합심기도

1. 영적 싸움에서 패한 적이 있으면 회개하고 이제 항상 깨어 기도하고 믿음으로 승리할 것을 결심하며 기도 합시다.
2. 우리 구역부흥과 전도 대상자를 위하여 기도합시다.

감사 및 알림

헌금 및 기도, 교회소식, 구역소식, 다음모임, 주기도.

제39과 마귀를 대적하라

- 본문/ 베드로전서 5:8-9
- 인사/ 반갑습니다, 사랑합니다, 주님의 이름으로 축복합니다.
- 찬송/ 351, 348장
- 신앙고백 (기도)

말씀읽기

8 근신하라 깨어라 너희 대적 마귀가 우는 사자 같이 두루 다니며 삼킬 자를 찾나니 9 너희는 믿음을 굳건하게 하여 그를 대적하라 이는 세상에 있는 너희 형제들도 동일한 고난을 당하는 줄을 앎이라

생각하기/ 예수신이 왔다 도망가자

급하고 강한 바람의 저자인 멜텔리의 전도팀이 인도네시아의 한 마을에 전도를 갔는데 그 마을 토착 신을 섬기는 제사장 우두머리가 말하길 "예수 신을 전하려면 예수가 우리 신보다 강하다는 것을 입증해 보아라. 그러면 믿겠노라" 고 하며 마을사람 일천여명을 다 모았습니다. 그때 전도팀이 "예수 이름으로 사탄을 결박한다. 마귀들은 떠나라! 고 명령을 했습니다. 그러자 그 제사장 우두머리가 벌벌 떨다가 울기 시작합니다. 왜 그러냐고 물으니 고백하기를 조금 전 사탄을 결박하고 마귀들 떠나라할 때 우리 신들이 가장 센 자부터 약한 자까지 여기 다 모였었는데 신들이 말하기를 예수신이 이곳에 왔으니 우리는 떠나야 한다며 다 소리치며 달아나 버렸다는 것입니다. 그래서 그 마을 전체가 예수님을 믿기로 하였답니다.

말씀 속으로

1. 마귀는 삼킬 자를 찾습니다.

마귀가 찾는 자는 불신자들이 아닙니다. 불신자들은 이미 마귀에게 속한 자들이요 자기편입니다. 마귀는 자기편을 공격하지 않습니다. 예수님께 속한 자를 공격합니다. 마귀는 믿는 자들을 넘어뜨리는 것이 주목적이고 주업무입니다. 믿는 그리스도인들 주위에는 항상 마귀의 사자들이 따라 붙는다는 것을 잊어서는 안됩니다. 마귀는 때로는 광명의 천사처럼 나타나기도 하고(고후 11:14) 때로는 우는 사자처럼 나타나기도 합니다(벧전5:8). 마귀가 삼키는 방법은 하나님과 멀어지도록 만들고 죄를 짓도록 만드는 것입니다. 그러므로 우리는 하나님과 멀어지지 않도록 날마다 말씀과 기도로 무장하고 죄의 유혹을 과감히 뿌리쳐야 합니다. 항상 정신을 차리고 근신하며 깨어 있어야 마귀에게 삼키지 않습니다.

성경읽기/ 야고보서 4:8에는 세 가지 하라는 명령이 나옵니다. 읽고 무엇인가 나눠봅시다.

2. 믿음을 굳게 해야 합니다.

믿음을 굳게 하는 것은 흔들림이 없는 믿음, 말씀 위에 선 믿음, 견고한 믿음을 가지는 것입니다. 마귀들도 말씀을 사용합니다. 마귀가 예수님을 시험할 때 신명기 8:3과 시편 91:11,12의 말씀을 가지고 시험했습니다(마4:4-6). 이단들도 말씀을 가지고 다니며 성도들을 유혹합니다. 그러므로 우리는 말씀을 바로 알고 그 말씀 위에 서야 합니다. 성도는 본 교회에서 말씀을 배워야 합니다. 교회 밖으로 말씀을 배우러 갈 때는 교회에 보고하고 허락을 받고 가야 안전합니다. 이단들이 말씀으로 유혹하기 때문입니다. 또한 믿음을 굳게 하는 것은 구원의 확신을 가지는 것입니다. 예수님이 하나님의 아들이시고 나의 죄를 대신하여 죽으신 것을 믿고 그 예수님을 나의 주인 나의 구원자로 마음에 모시면 그는 구원 받은 사람이요 하나님의 자녀인 것입니다. 구원받은 날짜를 묻거나 체험을 물으며 유혹하는 자들이 있습니다. 여기에 넘어가지 말아야 합니다.

성경읽기/ 로마서 10:9을 읽고 어떻게 하면 구원을 받는다고 하였는지 말해봅시다.

3. 마귀를 대적해야 합니다.

마귀가 성도를 공격하는 주된 무기는 첫째 유혹이란 무기입니다. 마귀는 에덴동산에서 하와를 유혹하여 넘어뜨렸습니다. 하와에게 먹으면 하나님처럼 된다, 눈이 밝아진다, 죽지 않는다는 말로 유혹하였습니다. 오늘도 마귀는 성도들을 유혹합니다.

마귀는 돈으로 유혹하며 쾌락과 음행으로 유혹합니다. 돈을 내밀며 주님과 멀어지게 하고 쾌락과 음란으로 넘어뜨리려 합니다. 가룟 유다는 돈에 넘어갔고 다윗은 쾌락에 넘어갔습니다. 마귀는 예수님도 물질로 시험했고 명예로 시험했습니다. 마귀는 우리의 약한 부분을 유혹합니다. 마귀는 핍박을 하거나 병들게 하거나 사업이 망하게 하거나 어려운 일을 가져다줍니다. 이때 성도는 더욱 주님만 의지하며 인내로 믿음을 지키고 예수 이름으로 마귀를 대적해야 합니다. 그리하면 마귀가 피한다고 했습니다(약4:7).

성경읽기/ 요한1서 5:4-5을 읽고 어떤 자가 세상을 이기며 무엇으로 세상을 이긴다고 하였는지 말해봅시다.

나가는 말

영적싸움은 현실입니다. 사탄 마귀는 우는 사자처럼 두루 다니며 삼킬 자를 찾습니다. 마귀를 이기기 위해서는 영적으로 무장해야 합니다. 항상 깨어 기도하며 성령님의 도움을 구해야 합니다. 그리고 성령의 검인 말씀으로 물리쳐야 합니다(엡6:11-18). 마귀는 자기의 때가 얼마 남지 않음을 알고 최후 발악을 하고 있기에 갈수록 세상은 악해지고 있습니다. 마귀와 싸워 이길 수 있도록 영적으로 무장하고 항상 기도하며 믿음을 굳게 하여 마귀를 물리치고 승리하시기를 바랍니다.

나눔의 시간

1. 오늘 말씀을 통하여 느낀 점을 말해봅시다.
2. 내가 당한 환난시험 중에 제일 어려웠던 것은 무엇이었는가 말해봅시다.

적용하기

오늘 말씀을 생활에 어떻게 적용할까 말해봅시다.

결단 및 합심기도

1. 마귀의 시험에 들지 않게 깨어 기도할 것과 마귀의 시험을 이길 수 있는 믿음과 능력을 구하며 기도합시다.
2. 우리 구역부흥과 전도 대상자를 위하여 기도합시다.

감사 및 알림

헌금 및 기도, 교회소식, 구역소식, 다음모임, 주기도.

제40과 천군과 천사

- 본문/ 다니엘서 10:12-14
- 인사/ 반갑습니다, 사랑합니다, 주님의 이름으로 축복합니다.
- 찬송/ 288, 438장
- 신앙고백 (기도)

말씀읽기

12 그가 내게 이르되 다니엘아 두려워하지 말라 네가 깨달으려 하여 네 하나님 앞에 스스로 겸
비하게 하기로 결심하던 첫날부터 네 말이 응답 받았으므로 내가 네 말로 말미암아 왔느니라
13 그런데 바사 왕국의 군주가 이십일 일 동안 나를 막았으므로 내가 거기 바사 왕국의 왕들과
함께 머물러 있더니 가장 높은 군주 중 하나인 미가엘이 와서 나를 도와주므로
14 이제 내가
마지막 날에 네 백성이 당할 일을 네게 깨닫게 하러 왔노라 이는 이 환상이 오랜 후의 일임이라
하더라

생각하기/ 천사를 본 러시아 우주인들

1985년 소련이 살류트로 7호를 발사했을 때 우주선에 탔던 비행사들이 창밖을 내다보니까 일곱 천사가 그들과 함께 비행하고 있는 것을 발견하고 놀랐던 사건을 소련 정부에서도 공식적으로 발표했다고 합니다.

하나님의 말씀인 성경은 천군과 천사에 대한 말이 170여회나 나타납니다. 또한 천사의 우두머리인 천사장 가브리엘이나 천군의 우두머리인 천군장 미가엘 등 천사의 이름도 나타나고 있습니다. 그리고 아브라함, 마노아, 기드온, 사가랴, 베드로, 사도요한 등 많은 사람들이 천사를 보았고 천사의 인도를 받았으며 오늘날도 많은 사람들이 천사를 보고 있습니다.

말씀 속으로

1. 천군천사는 누구인가?

천군이란 하늘군대로 사탄의 세력과 싸움을 하는 천사들을 말하며 천사란 하나님을 찬양하며 심부름하는 하늘의 사역자들을 말합니다. 다니엘이 기도할 때 하나님께서 천사를 통하여 기도 응답을 보냈습니다. 천사는 하나님의 심부름으로 기도응답을 가지고 다니엘에게 가던 중 하늘의 바사군대에게 포위당해 21일간 길이 막혀 갈 수가 없었습니다. 이때 하나님께서는 천군장인 미가엘을 보내어 바사군대를 물리치게 하였습니다. 그러므로 길이 열려 기도응답을 가지고 다니엘에게 왔습니다. 여기에 천군과 천사가 모두 등장합니다. 천군은 영적세계에서 어두움의 세력들과 싸움을 하는 천사들 입니다. 그리고 천사는 하나님의 심부름과 찬양을 하는 천사들 입니다.

성경읽기/ 창세기 18:2에는 아브라함이 상수리나무 아래에서 세 사람을 영접하였는데 그들 중 둘은 누구였나요?(창19:1을 보세요)

2. 천군 천사의 특성

천군천사들은 하나님이 창조하신 피조물로 지,정,의의 인격을 가진 영적인 존재들입니다. 저들은 공간을 초월하여 다니며 사람과 같은 형상을 가지고 있으나 사람처럼 죽거나 결혼을 하지 않고 영원히 사는 존재입니다(눅20:35-36) 천사는 영적인 존재이기에 사람의 눈에 보일 수도 있고 안보일 수도 있습니다. 베드로가 옥에 갇혀있을 때 천사가 와서 묶인 사슬을 풀어주고 밖으로 인도해 냈으니 간수들은 천사를 볼 수 없었습니다(행12:7). 발람선지자가 나귀를 타고 모압왕 발락의 부름을 받고 갈 때에 나귀는 천사를 보았는데 발람선지자는 처음에는 천사를 보지 못하다가 후에 눈이 열렸을 때 천사를 보았습니다(민22:23,31). 오늘도 천사들은 우리 주위에 있으나 대부분 보지 못합니다. 그러나 영의 눈이 열리면 볼 수 있습니다. 지구촌에는 천사를 본 사람들이 수백 수천 명도 넘을 것입니다. 필자의 교회에서도 천사를 본 분들이 여러 명 있습니다. 천사들이 교통사고에서 지켜주는 경우도 있고 죽음의 위기에서 구출해주는 경우도 있습니다. 천사는 지혜와 능력과 직위가 있고 직위에 따라 각자의 직무가 있습니다(시103:20).

성경읽기/ 시편 148:2에서 누구에게 찬양을 하라고 명하고 있는지 말해봅시다.

3. 천군 천사의 사역

천사들은 하나님의 소식을 사람에게 전합니다(눅1:26-27). 천사는 사가랴에게 세례요한이 태어날 것과 그의 사역에 대하여 알려줬고 요셉과 마리아에게는 예수님의 나실 것을 알려주었으며 다니엘에게는 장차 일어날 일과 하나님의 뜻을 알려 주셨습니다(단9:24-27, 10:14). 그리고 천사들은 성도들을 돕는 일을 합니다. "천사는 구원 얻을 후사를 섬기라고 보냈다" 고 하였으며(히1:14) "하나님의 사자가 주를 경외하는 자를 둘러 진 친다." (시34:7)고 하였습니다. 다니엘이 사자 굴속에 던져졌을 때에 천사가 사자들의 입을 봉하여 다니엘을 보호해 주었습니다(단6:22). 또한 천사는 하나님의 심판을 돕습니다(창19:12-15). 소돔과 고모라를 심판할 때에 두 천사를 보냈으며 앗수르 군대가 예루살렘을 포위했을 때 천사를 보내어 앗수르 군사 18만5천 명을 죽이게 하였습니다.

성경읽기/ 마태복음 13:41-42에서 세상 끝날에 누구를 보내어 불법을 행하는 자들을 불속에 던져 넣으리라고 하였나요?

나가는 말

천사는 예수님의 탄생과 기도 때, 부활과 승천 때도 나타나셨고 재림 시에도 천군천사와 함께 강림하시리라고 하였습니다(마16:27). 예수님의 재림시에 천사들은 나팔을 불며 예수님의 재림을 알리고 사방에서 주의 백성을 불러 모을 것입니다(살전4:16). 세상 끝날에는 악인을 골라 불에 던져 넣으리라고 하였습니다(마13:42).

나눔의 시간

1. 오늘 말씀을 통하여 느낀 점을 말해봅시다.
2. 천사는 구원 얻을 후사를 섬기라고 보내셨다고 하였는데 나는 천사의 도움을 받은 적이 있는지 말해봅시다.

적용하기

오늘 말씀을 생활에 어떻게 적용할까 말해봅시다.

결단 및 합심기도

1. 천사가 항상 내 곁에서 나를 도우며 섬기게 하도록 기도합시다.
2. 우리 구역부흥과 전도 대상자를 위하여 기도합시다.

감사 및 알림

헌금 및 기도, 교회소식, 구역소식, 다음모임, 주기도.

제41과 감사할 이유

- 본문/ 시편 103:2-6
- 인사/ 반갑습니다, 사랑합니다, 주님의 이름으로 축복합니다.
- 찬송/ 593, 421장
- 신앙고백 (기도)

말씀읽기

2 내 영혼아 여호와를 송축하며 그의 모든 은택을 잊지 말지어다 3 그가 네 모든 죄악을 사하
시며 네 모든 병을 고치시며 4 네 생명을 파멸에서 속량하시고 인자와 긍휼로 관을 씌우시며 5
좋은 것으로 네 소원을 만족하게 하사 네 청춘을 독수리 같이 새롭게 하시는 도다 6 여호와께
서 공의로운 일을 행하시며 억압당하는 모든 자를 위하여 심판하시는 도다

생각하기/ 나환자의 감사기도

어떤 나병환자가 있었습니다. 그의 병이 점점 심해져서 코와 손가락이 하나씩 하나씩 떨어지고 썩어가기 시작했습니다. 그러나 그는 실망하거나 비관하지 않고 오히려 감사하며 이렇게 신앙고백을 했습니다. "하나님 내가 나병으로 썩어져 죽는다 할지라도 죽는 순간까지 나의 성대만은 상하지 않게 하여 주옵소서. 그러면 이 성대를 가지고 내 생명이 다하는 순간까지 하나님의 사랑을 찬양하리이다."
얼마나 아름다운 믿음이고 차원 높은 감사 생활인가요? 감사는 영적 생활의 윤활유와 같습니다.

말씀 속으로

1. 은혜를 잊지 말아야 합니다.

은혜란 값없이 받은 선물입니다. 하나님은 우리에게 너무나 많은 것을 거저 주셨습니다. 인간이 살 수 있는 지구를 만들어 주시고 해달별을 만들어 주시고 산과 바다 각종 식물들을 인간에게 주셨습니다. 이것은 모두 거저 주신 것입니다. 뿐만 아니라 우리는 구원해 주신 하나님의 은혜를 잊지 말아야 합니다.

사람들은 수많은 감사의 조건이 있는데 단 하나의 불평스런 사건에 파묻혀 감사를 잊고 원망 불평하는 때가 많이 있습니다. 이스라엘 백성들이 광야생활 중에 넘어졌던 이유는 감사의 사건들을 너무 빨리 잊어버린데 있습니다. 홍해를 건넌 후 감사와 찬양과 영광을 돌렸던 그들이 사흘 동안 물을 얻지 못하였다고 원망하며 불평을 하였습니다. 그러므로 그들은 하나님의 약속을 누리지 못했습니다.

하나님의 은혜 가운데 살면서 은혜를 모르고 산다면 동물만도 못한 것입니다. 하나님께서는 "소는 그 임자를 알고 나귀는 주인의 구유를 알건마는 이스라엘은 알지 못하고 나의 백성은 깨닫지 못하는도다"(사1:2)라고 탄식하셨습니다.

성경읽기/ 고린도전서 15:10에서 바울사도는 구원의 은총에 감사하며 뭐라고 고백하였나요?

2. 구원받은 것을 감사해야 합니다.

어느 교회 교인 중에서 3대 독자가 죽었습니다. 한 집사님이 슬픔에 잠겨 있는 부모와 친척들 앞에서 "하나님 감사합니다." 라고 큰 소리로 기도를 하였습니다. 그러자 아이의 부모가 화를 냈습니다. 그러자 그 집사님은 오늘 이 집이 감사할 이유를 세 가지로 말씀해 주셨습니다.

첫째는 이 죽은 아이가 예수 믿고 천당에 갔으니 감사할 일이요. 둘째는 자라나서 죄를 많이 짓지 않고 죽었으니 감사할 일이요. 셋째는 불쌍하게 살다가 죽는 사람들도 많은데 부잣집에 태어나서 호강하며 살다 죽었으니 감사할 일입니다 라고 하였습니다. 이 말을 들은 부모는 위로를 받았다고 합니다.

우리는 예수님 믿고 구원받은 것을 감사하고 죽어도 천국가게 될 것을 감사하고 살아생전에는 하나님의 자녀로 하나님의 보호 속에 살 것을 감사하고 생명을 파멸에서 구원하심을 감사하며 살아야 합니다.

성경읽기/ 시편 136편은 감사의 시입니다. 1절에서는 무엇을 인하여 감사하라고 하였는지 말해봅시다.

3. 소원을 만족케 하심을 감사해야 합니다.

하나님은 우리의 소원을 만족케 하시는 우리 아버지가 되십니다. 여리고의 소경거지 바디매오는 예수님이 지나가실 때 "다윗의 자손 예수여 나를 불쌍히 여기소서." 하고 부르짖었습니다. 그때 예수님께서 소경을 불러오라 하신 후 "네게 무엇을 하여 주기를 원하느냐" 고 물었습니다. 소경은 "보기를 원하나이다" 고 대답하자 예수님께서 "보아라! 네 믿음이 너를 구원하였느니라" 하시며 소원을 이루어 주셨습니다(눅18:41-42). 하나님은 구하는 자에게 주시며 부르짖는 자에게 응답해 주십니다. 수로보니게 여인이 자기 딸의 병을 고치기 위해 부르짖었을 때 예수님은 그 여인의 소원을 이루어 주셨습니다. 하나님은 우리가 구하는 것을 주실 뿐만 아니라 더 좋은 것으로 만족케 해주십니다.

성경읽기/ 시편 37:4에서 왜 하나님을 기뻐하라고 하였는지 말해봅시다.

나가는 말

감사는 하나님의 뜻이요 명령입니다. 그러므로 감사할 때 감사거리가 넘치게 되고 불평할 때 감사거리가 사라집니다.

신앙생활은 하나님의 은혜에 감사해서 하는 것입니다. 구원의 은혜를 감사할 뿐만 아니라 찬양과 기도할 수 있는 특권을 주심을 감사하며 또한 볼 수 있는 눈과 들을 수 있는 귀, 숨 쉴 수 있는 코와 먹을 수 있는 입, 일할 수 있는 손과 걸을 수 있는 발이 있음을 인하여서도 감사해야 합니다.

나눔의 시간

1. 오늘 말씀을 통하여 느낀 점을 말해봅시다.
2. 나는 감사할 이유가 무엇이 있는지 말해봅시다.

적용하기

오늘 말씀을 생활에 어떻게 적용할까 말해봅시다.

결단 및 합심기도

1. 감사를 잊고 산 것을 회개하며 감사의 이유를 찾아 감사하며 살 것을 기도합시다.
2. 우리 구역부흥과 전도 대상자를 위하여 기도합시다.

감사 및 알림

헌금 및 기도, 교회소식, 구역소식, 다음모임, 주기도.

제42과 감사의 방법

- 본문/ 시편 138:1-4
- 인사/ 반갑습니다, 사랑합니다, 주님의 이름으로 축복합니다.
- 찬송/ 28, 370장
- 신앙고백 (기도)

말씀읽기

1 내가 전심으로 주께 감사하며 신들 앞에서 주께 찬송하리이다 2 내가 주의 성전을 향하여 예배하며 주의 인자하심과 성실하심으로 말미암아 주의 이름에 감사하오리니 이는 주께서 주의 말씀을 주의 모든 이름보다 높게 하셨음이라 3 내가 간구하는 날에 주께서 응답하시고 내 영혼에 힘을 주어 나를 강하게 하셨나이다 4 여호와여 세상의 모든 왕들이 주께 감사할 것은 그들이 주의 입의 말씀을 들음이오며

생각하기/ 성 다미엔의 감사

벨기에 태생의 선교사 다미엔은 나환자들을 위해 살다 결국 자신도 나병에 걸려 죽은 위대한 성자입니다. 1873년 그가 나환자 수용소인 몰로카이 섬으로 가게 됐을 때 그곳은 그야말로 생지옥이었습니다. 매일 수십 명이 죽어나갔고 환자들은 자포자기에 빠져 살고 있었습니다. 다미엔은 그런 상황에서 10년을 전도했으나 큰 성과를 얻지 못했습니다. 어느 날 그의 손에 상처가 생겨 나병이 전염되자 이렇게 기도했습니다. "하나님 감사합니다. 이제야 나환자들에게 전도할 자격을 갖게 됐습니다" 라고 다미엔은 나병이 든 것을 감사하였습니다.

말씀 속으로

1. 마음으로 감사합니다.

감사의 원뜻은 "은혜를 깊이 마음에 둔다는 것" 입니다. 받은 은혜를 마음에 간직하여 그 은혜를 잊지 않고 보답하려는 것이 감사입니다. 낳으시고 길러주신 부모님, 가르쳐 주신 선생님, 도움을 주신 상사 친구 등의 은혜를 깊이 마음에 새기며 보답하는 것은 아름다운 것입니다. 그리스도인들은 죄인인 우리를 위해 십자가의 고난을 받으시고 우리를 구속하신 주님의 은혜를 항상 마음에 새기고 감사해야 합니다. 감사는 먼저 마음이 담겨야 합니다.

다윗은 하나님께 전심으로 감사한다고 하였습니다(1절). 전심이란 온전한 마음이란 뜻입니다. 온전한 마음이란 사심이 없는 마음, 변함이 없는 마음, 흔들림이 없는 마음, 오직 한마음이 온전한 마음입니다. 다윗은 주의 인자하심과 성실하심을 인하여 감사하고 기도를 응답하심을 인하여 전심으로 감사하겠다고 한 것입니다. 마음에 없는 감사는 참된 감사가 아닙니다. 물질을 드릴 때도 감사하는 마음이 담겨야 온전한 감사가 됩니다. 하나님께서는 우리의 마음을 받으시기를 원하십니다.

성경읽기/ 시편 50:14에서 어떻게 하나님께 제사를 드리라고 하였는지 말해봅시다.

2. 물질로 감사합니다.

역대하 29장31절 에는 "너희가 이제 몸을 깨끗하게 하여 여호와께 드렸으니 마땅히 나아와 제물과 감사 제물을 여호와께 가져오라" 고 하셨습니다. 다윗은 하나님께 감사의 제물을 드리면서 감사를 했습니다. 솔로몬은 "네 재물과 처음 익은 열매로 여호와를 공경하라" (잠3:9) 고 하였습니다. 예수님은 "네 보물 있는 곳에 네 마음도 있느니라." (마6:21)고 하셨습니다. 물질이 없는 곳에는 마음도 없다는 말씀입니다. 성도 중에는 입술로는 감사를 많이 하는데 물질에는 감사가 없는 사람도 있습니다. 이는 참된 감사가 아니라 거짓 감사요 외식적인 감사입니다.

우리가 하나님께 감사하고 사랑하는 표현은 말로만 하는 것이 아니라 우리의 마음을 물질로 담아서 드리는 것입니다. 그러므로 감사할 때는 항상 물질을 정성껏 준비해야 합니다.

성경읽기/ 시편 100:4에서 시인은 감사함으로 그 문에 들어가서 무엇을 하라고 하였나요?

3. 생활로 감사합니다.

신약성경 헬라어의 감사는 기쁘게 한다는 뜻도 있습니다. 즉 참된 감사는 마음과 입술로만 하는 것이 아니라 행동으로서 은혜에 보답하여야 합니다.

주님의 은총을 감사하며 사는 사람은 마음으로 생각하고 입술로 찬송할 뿐 아니라 시간과 재능과 물질도 아낌없이 바치며 봉사하게 됩니다. 그것이 참된 감사의 생활입니다. 감사하는 생활이 참으로 아름답고 기쁨과 행복이 넘치는 생활입니다. 그리스도인의 최상의 덕목은 감사입니다.

잃어버린 감사를 다시 찾고 우리 마음과 입술에서 늘 감사가 넘치고 감사하는 마음으로 물질을 드리고 충성을 드리고, 감사하는 마음으로 기도하고 전도하고, 감사하는 마음으로 서로 사랑하며 감사의 삶을 사시기 바랍니다.

성경읽기/ 시편 116:12에서 시인은 무슨 고백을 하고 있는지 말해봅시다.

나가는 말

세계적인 대 부흥사 스펄전 목사는 우리가 촛불보고 감사하면 전등불을 주시고, 전등불 보고 감사하면 달빛을 주시고, 달빛보고 감사하면 햇빛을 주신다고 하였습니다. 하나님은 감사하는 자에게 더 큰 복을 주십니다.

칼 힐터는 그의 저서 행복론에서 "감사하는 사람은 젊어진다." 고 하였습니다. 감사는 마음을 기쁘게 하고 행복하게 하기 때문에 우리의 삶이 젊어지는 것입니다. 우리의 삶을 보다 더 행복하게 그리고 풍성하게 하는 것은 감사하는 생활입니다

나눔의 시간

1. 오늘 말씀을 통하여 느낀 점을 말해봅시다.
2. 나는 어떻게 감사의 삶을 살고 있는지 하루에 몇 번이나 감사의 말을 하는지 말해봅시다.

적용하기

오늘 말씀을 생활에 어떻게 적용할까 말해봅시다.

결단 및 합심기도

1. 지금까지 감사하지 못한 것들을 생각하며 회개하고 매일 감사하며 살 것을 다짐하며 기도합시다.
2. 우리 구역부흥과 전도 대상자를 위하여 기도합시다.

감사 및 알림

헌금 및 기도, 교회소식, 구역소식, 다음모임, 주기도.

제43과 범사에 감사하라

- 본문/ 데살로니가전서 5:18
- 인사/ 반갑습니다, 사랑합니다, 주님의 이름으로 축복합니다.
- 찬송/ 95, 436장
- 신앙고백 (기도)

말씀읽기

18 범사에 감사하라 이것이 그리스도 예수 안에서 너희를 향하신 하나님의 뜻이니라

생각하기/ 손양원 목사의 감사

사랑의 원자탄의 주인공 손양원 목사는 두 자녀를 잃었을 때 다음과 같은 감사를 하였습니다.
① 나 같은 죄인의 혈통에서 순교 자식이 나게 하시니 감사합니다. ② 허다한 많은 성도 중에서 이런 보배를 내게 맡겨 주셨으니 감사합니다. ③ 삼남 삼녀 중 가장 아름다운 두 아들을 하나님께 바치게 되니 감사합니다. ④ 한 아들 순교도 감사한데 하물며 두 아들 순교하게 하시니 감사합니다. ⑤ 예수만 믿어도 큰 축복인데 전도하다가 총살순교 당하니 감사합니다. ⑥ 미국 가려고 준비하였는데 미국보다 더 좋은 천국 갔으니 감사합니다. ⑦ 내 아들 총살한 원수를 회개시켜 내 아들 삼고자 하는 마음 주시니 감사합니다. ⑧ 오! 주여 나에게 분수에 넘치는 과분한 큰 복을 주시니 감사와 영광을 돌립니다. 감사는 역경 때 고난 중에도 하는 감사가 참감사입니다.

말씀 속으로

1. 고난 중에도 감사

동방의 의인이요 제일 부자였던 욥은 갑자기 원인도 모르고 이유도 없이 재산을 다 잃게 되고 자녀 열 명이 한 번에 죽게 됩니다. 뿐만 아니라 온몸에 악창종기가 나서 재 가운데 앉아 기와 조각으로 몸을 긁고 있을 때 그 부인은 욥에게 하나님을 욕하고 죽으라 하며 저주하고 떠나갔습니다.

이때 욥은 땅에 엎드려 예배하며 이르되 "내가 모태에서 알몸으로 나왔사온즉 또한 알몸이 그리로 돌아가올지라. 주신 이도 여호와시요 거두신 이도 여호와시오니 여호와의 이름이 찬송을 받으실지니이다. 우리가 하나님께 복을 받았은즉 화도 받지 않겠느냐" 하며 이 모든 일에 욥이 범죄하지 아니하고 하나님을 향하여 원망하지 아니하였다고 했습니다(욥1:20-22, 2:10). 사람들은 일이 잘될 때는 감사합니다. 그러나 고난이 닥치고 어려움이 닥칠 때는 감사대신 염려 근심 걱정을 하며 불평을 합니다. 범사에 감사하라는 말은 환난 고난 중에도 감사하라는 말씀입니다.

성경읽기/ 누가복음 17:18에서 열 명의 고침 받은 나환자 중 돌아와 감사한 사람은 몇 명이며 누구였는지 말해봅시다.

2. 어려운 환경에서도 감사

에디슨이 청각 장애를 앓게 된 것은 소년시절 신문을 팔다가 기차에서 떨어졌기 때문입니다. 에디슨은 신문을 팔며 기차 한 구석에서 실험을 하곤 했는데 어느 날 기차의 진동으로 실험약품이 떨어져 불이 났고 이에 격분한 차장이 에디슨을 떠밀었던 것입니다. 후에 에디슨은 "귀가 잘 들리지 않아 연구에 힘들지 않았습니까?" 라는 질문을 받고 "나는 귀머거리가 된 것을 감사하게 생각합니다 딴 소리에 신경 쓰지 않고 연구에만 몰두할 수 있었으니까요" 라고 대답했습니다.

한 교회 집사님은 소가 자기 배추밭에 들어가 배추를 다 뜯어 먹어 배추농사를 망쳤습니다. 그래도 불평하지 않고 감사하며 배추를 갈아엎고 그 밭에 마늘을 심었습니다. 그런데 그해 배추 값이 폭락하고 마늘 값은 폭등하여 돈을 크게 벌었다고 합니다.

우리에게 닥치는 어려운 환경이 때로는 전화위복이 될 수 있습니다. 그러므로 성도는 어려운 환경에서도 감사해야 합니다.

성경읽기/ 시편 119:71에서 시인은 무엇이 내게 유익이라고 하였으며 왜 유익이라고 했는지 말해봅시다.

3. 감사를 습관화 하라.

범사에 감사하라는 말씀을 코니바르는 "네 운명이 어떻게 되든 감사를 계속하라"고 주석을 하였으며 윌리암스는 "무슨 일에든 감사하는 습관을 만들라"고 주석하였습니다.

외국 사람들은 "감사합니다"라는 말과 "미안합니다"라는 말을 일상용어에서 가장 많이 씁니다. 이 두 마디 말이 사회를 명랑하게 만듭니다. 조그만 한 친절을 베풀어도 반드시 "감사합니다"라고 말하는 것을 잊지 않으므로 피차 마음이 즐거우며 행복하게 합니다. 그리스도인의 감사는 좋은 일이 생겼을 때만 아니라 어려운 일이나 슬픈 일이 있어도 또는 고난이나 시험이 닥쳐도 하나님의 의로우심과 선하심을 믿고 감사하며 찬송하는 것입니다.

성경읽기/ 다니엘서 6:10에서 다니엘은 어떤 상황에서 기도하며 감사하였는지 말해봅시다.

나가는 말

범사에 감사하라는 말은 일이 잘될 때에도 감사하고 고난과 고통이 있을 때에도 감사하라는 말씀입니다. 좋은 일이 있을 때에만 감사하는 것은 다 할 수 있습니다. 참다운 감사는 불행과 절망 고통 중에서도 감사하는 것입니다. 감사는 천국 방언이요 힘들고 고통스러운 일을 이기는 무기입니다. 또한 감사는 받은 은혜를 확대시키고 그 은혜를 지속하게 하는 축복의 통로입니다.

나눔의 시간

1. 오늘 말씀을 통하여 느낀 점을 말해봅시다.
2. 내가 욥과 같은 환경에 처한다면 어떻게 할 것인지 나눠봅시다.

적용하기

오늘 말씀을 생활에 어떻게 적용할까 말해봅시다.

결단 및 합심기도

1. 범사에 감사하지 못한 것을 회개하며 어떤 환경에서도 감사하며 살도록 결심하며 기도합니다.
2. 우리 구역부흥과 전도 대상자를 위하여 기도합시다.

감사 및 알림

헌금 및 기도, 교회소식, 구역소식, 다음모임, 주기도.

제44과 감사를 넘치게 하라

- 본문/ 골로새서 2:6-7
- 인사/ 반갑습니다, 사랑합니다, 주님의 이름으로 축복합니다.
- 찬송/ 542, 304장
- 신앙고백 (기도)

말씀읽기

6 그러므로 너희가 그리스도 예수를 주로 받았으니 그 안에서 행하되 7 그 안에 뿌리를 박으며 세움을 받아 교훈을 받은 대로 믿음에 굳게 서서 감사함을 넘치게 하라

생각하기/ 어느 성도의 감사

어느 성도의 감사한 글을 읽어 보았습니다. 그는 일곱 가지를 중심으로 감사했는데, ① 구원받은 것이 너무 감사했고 ② 주님께서 피 흘려 세우신 교회를 주신 것을 감사했으며 ③ 신앙을 성숙시켜 주신 것을 감사했고 ④ 가족을 주신 것을 감사했습니다 ⑤ 식물을 주신 것을 감사했고 ⑥ 건강을 주신 것을 감사했으며 ⑦ 직분을 주신 것을 감사했습니다. 이는 가장 보편적이며 기본적인 감사입니다.

마틴 루터 킹은 흑인으로 태어난 것을 감사한다고 하였고, 플라톤은 인생으로 태어난 것을 감사하고, 인생 중에 그리스인으로 태어난 것을 감사하고 남자로 태어난 것을 감사한다고 하였습니다. 괴테는 가장 쓸모없는 사람은 감사할 줄 모르는 사람이라고 하였습니다.

말씀 속으로

1. 예수를 주로 받았습니다.

예수를 주로 받았다는 말은 하나님께서 예수님을 우리의 구원자로 주셨다는 말입니다. 그 예수님을 우리가 거저 받았습니다. 예수님을 받음으로 우리는 구원을 받게 되었고 하나님의 자녀가 되었습니다. 또한 영원히 사는 생명을 얻게 되었고 천국 시민이 되었습니다. 이것은 우리 인생에 있어서 세상에 어떤 것과도 비교할 수 없는 가장 큰 축복입니다.

바울은 예수를 주로 받고 인생이 180도 변화되어 그 예수를 위해 평생 복음 전하다가 순교했습니다. 예수님의 제자들도 예수를 주로 받고 자신들의 생을 예수를 위해 바쳤습니다. 초대교회 성도들은 예수를 주로 받고 모진 환란과 박해 속에서도 감사함으로 믿음을 지켰습니다. 오늘 우리도 이 예수를 주로 받았습니다.

성경읽기/ 에베소서 5:20에서 누구의 이름으로 언제 감사하라고 하였는지 말해봅시다.

2. 감사를 넘치게 하라.

하루는 하나님께서 두 천사에게 사람들의 기도를 모아 오라고 지구로 보내며 한 천사에게는 소원의 기도를, 다른 천사에게는 감사의 기도를 담아오라고 하였습니다. 얼마 후 그들이 돌아왔을 때 한 천사의 바구니는 무수히 많은 소원으로 철철 넘치고 있었습니다. 그러나 다른 천사는 슬프고 무거운 마음으로 되돌아왔습니다. 그의 감사의 바구니는 거의 비어 있었기 때문이었습니다.

사람들에게 있어서 인색한 것이 있다면 그것은 감사일 것입니다. 감사의 조건이 많은데도 감사보다는 불평을 많이 합니다. 사도바울은 감사를 드릴 때 인색함이나 억지로 드리지 말고 즐거운 마음으로 하며(고후9:7) 감사를 넘치게 하라고 하였습니다. 넘치게 하라는 말은 헬라어로 '페리슈온테스' 인데 강물이 제방을 흘러넘치는 것을 의미하는 말입니다. 감사를 넘치게 하라는 말은 감사를 크게 하라, 풍족하게 하라, 100%이상 하라는 말입니다. 우리에게 주신 능력과 우리에게 주신 은혜 안에서 힘껏 하라는 말입니다.

성경읽기/ 시편 109:30에서 다윗은 어떻게 감사한다고 하였는지 말해봅시다.

3. 감사는 축복을 받는 그릇입니다.

사람이 감사치 못하는 이유는 하나님의 은혜를 깨닫지 못하기 때문입니다. 하나님의 은혜를 깨달으면 날마다 감사할 수 있습니다. 지나간 삶을 돌아보면 감사가 모자랄 정도로 하나님의 은혜가 큽니다. 때때로 힘들고 어려움이 있고 염려거리 근심거리가 있어도 감사하며 하나님께 기도하면 하나님의 평강이 마음과 생각을 지키신다고 하였습니다. 즉 염려거리가 있고 시험 환난 고난이 닥쳐도 감사하면 하나님이 평강을 주신다는 말씀입니다.

감사하는 것은 하나님의 뜻이요 하나님의 명령입니다. "감사하라"는 하나님의 말씀에 순종할 때 하나님은 더욱 큰 은혜와 축복을 주십니다. 감사의 생활은 하나님의 축복받은 그릇입니다. 감사 없는 축복은 있을 수 없습니다.

성경읽기/ 시편 111:1에서 시인은 어디서 어떻게 감사하리라고 하였는지 말해봅시다.

나가는 말

20세기 미국의 삼중고(三重苦)의 성녀라고 불리는 헬렌켈러(1880~1968)는 시각, 청각, 언어의 세 가지 장애를 가지고 가난한 집안에서 태어났습니다. 그러나 그는 원망 불평하지 않고 열심히 노력하고 공부해서 맹, 농아자로서는 세계 최초로 미국의 하버드 대학교에 입학하였고 박사학위까지 받았습니다. 그리고 맹, 농아자 복지사업 등 사회사업에도 크게 공헌하여 인류 역사에 빛이 되고 많은 사람들에게 희망과 용기를 주었습니다. 우리는 볼 수 있고 들을 수 있고 말할 수 있는 건강 주심을 감사하며 살아갑시다.

나눔의 시간

1. 오늘 말씀을 통하여 느낀 점을 말해봅시다.
2. 나는 일상생활에서 감사와 불평 중 어느 쪽이 더 많은지 이야기 해봅시다.

적용하기

오늘 말씀을 생활에 어떻게 적용할까 말해봅시다.

결단 및 합심기도

1. 감사에 인색했던 적이 있으면 회개하고 감사를 넘치게 할 것을 다짐하며 기도합시다.
2. 우리 구역부흥과 전도 대상자를 위하여 기도합시다.

감사 및 알림

헌금 및 기도, 교회소식, 구역소식, 다음모임, 주기도.

제45과 떠나야 할 인생

- 본문/ 창세기 50:24-26
- 인사/ 반갑습니다, 사랑합니다, 주님의 이름으로 축복합니다.
- 찬송/ 492, 314장
- 신앙고백 (기도)

말씀읽기

24 요셉이 그의 형제들에게 이르되 나는 죽을 것이나 하나님이 당신들을 돌보시고 당신들을
이 땅에서 인도하여 내사 아브라함과 이삭과 야곱에게 맹세하신 땅에 이르게 하시리라 하고
25 요셉이 또 이스라엘 자손들에게 맹세시켜 이르기를 하나님이 반드시 당신들을 돌보시리니
당신들은 여기서 내 해골을 메고 올라가겠다 하라 하였더라 26 요셉이 백십 세에 죽으매 그들
이 그의 몸에 향 재료를 넣고 애굽에서 입관하였더라

생각하기/ 나무꾼과 꿀

톨스토이의 작품 중에 있는 내용입니다. 한 나무꾼이 산에 갔다가 호랑이를 만나 도망가는데 가다보니 절벽에 도달했습니다. 앞에는 절벽이요 뒤에는 호랑이가 좇아오고 있습니다. 마침 절벽에 나무가 한 그루 있어 나무꾼이 그 나무 위로 기어 올라갔습니다. 절벽 밑에는 깊은 수렁으로 악어 떼가 입을 벌리고 있습니다. 아래는 호랑이가 기다리고 있습니다. 그런데 나뭇가지 위를 보니 벌집이 있고 거기에 꿀이 있습니다. 나무꾼은 꿀을 맛있게 먹으며 좋아합니다. 얼마 후 나무가 흔들려 아래를 보내 쥐들이 나와 나무 밑에서 나무둥지를 갉아먹고 있습니다, 검정 쥐와 흰쥐가 교대로 나와 갉아먹어 곧 나무가 쓰러질 것 같습니다. 그런데 나무꾼은 꿀을 찍어 먹으며 좋아하고 있습니다. 흰쥐와 검은 쥐는 낮과 밤 곧 세월의 흐름을 뜻합니다. 톨스토이는 이것

이 오늘 인생의 모습과 같다고 했습니다.

말씀 속으로

1. 떠날 날을 준비해야 합니다.

요셉은 파란만장한 삶을 살았습니다. 한창 꿈을 안고 밝게 자라야할 청소년 때에 형들에게 미움을 사서 구덩이에 빠져 죽을 위기를 당하기도 하고 애굽에 노예로 팔려가 보디발의 집에서 노예생활을 하였습니다. 그는 억울하게 누명을 쓰고 감옥생활도 하였습니다. 그러나 하나님만 의지하고 믿음을 지킨 요셉을 하나님이 함께 하셔서 결국 애굽의 총리가 되게 하였습니다. 요셉은 기근시에 애굽을 구해내고 자기 부모 형제들을 살렸습니다. 그런 요셉도 이제 죽음앞에 이르러 마지막 유언을 남깁니다. "나는 죽을 것이다 이제 하나님이 당신들을 돌아보시고 당신들을 인도하실 것이다. 당신들이 다시 약속의 땅으로 갈 때에 내 해골을 가지고 가겠다고 하라" 마지막 유언을 남기고 110세에 세상을 떠났습니다. 우리도 후회 없이 떠날 준비를 해야 합니다.

성경읽기/ 계시록 14:13을 읽고 어떻게 죽은 자가 복이 있다고 하였는지 말해 봅시다.

2. 인생은 안개와 같습니다.

야고보 선생은 우리의 삶을 안개로 비유했습니다. "들으라 너희 중에 말하기를 오늘이나 내일이나 우리가 어떤 도시에 가서 일 년을 유하며 이익을 보리라 하는 자들아 내일 일을 너희가 알지 못하는도다 너희 생명이 무엇이뇨 너희는 잠깐 보이다가 없어지는 안개니라"(약4:13-14) 인생을 안개로 비유한 것은 인생이 잠깐이라는 것입니다. 이 땅에서의 인생은 잠깐입니다. 돈이 많아도 권력을 가졌어도 잠깐입니다. 가는 세월을 막을 자가 없습니다.

시인은 "우리의 연수가 70이요 강건하면 80이라도 그 연수의 자랑은 수고와 슬픔 뿐이요 신속히 가니 우리가 날아가나이다"라고 고백을 했습니다(시 90:10). 참으로 신속히 날아가고 있습니다. 그러므로 짧은 인생을 바르게 사는 것이 중요합니다.

성경읽기/ 야고보서 4:17을 읽고 짧은 인생을 어떻게 살아야 할지 나눠봅시다.

3. 인생은 풀의 꽃과 같습니다.

애플 컴퓨터의 창업자요 최고의 CEO인 스티브 잡스가 스탠포드대학 졸업식에서 연설한 내용입니다. "하루하루를 인생의 마지막 날처럼 산다면 언젠가는 바른 길에 서 있을 것이다(If you live each day as it was your last, someday you will most certainly be right)" 그는 33년 동안 매일 아침 일어나 거울을 보며 자신에게 물었습니다. '오늘이 내 인생의 마지막 날이라면, 지금 하려는 일을 할 것인가?' 그는 IT 계통의 신화를 이루어낸 세계적인 CEO였으나 2011년 10월5일 56세의 젊은 나이에 세상을 떠났습니다. 야고보는 인생은 풀의 꽃과 같다고 하였습니다. 풀의 꽃은 한때 활짝 피지만 곧 시들고 떨어집니다. 봄에는 많은 꽃들이 핍니다. 벚꽃, 진달래, 개나리, 철쭉 등 그런데 한두 주 만발했다가 시들어 버립니다. 인생의 이 땅의 삶이 이와 같다는 말입니다.

그러므로 우리는 주어진 하루하루 최선의 삶을 살아야 합니다. 또한 주님 앞에 설 날을 생각하며 살아야 합니다.

성경읽기/ 고린도전서 10:31에서 어떻게 하라고 하였는지 나눠봅시다.

나가는 말

인생은 누구나 한 번 세상에 왔다가 한 번 세상을 떠나게 되어 있습니다. 올 때는 순번대로 오지만 떠날 때는 순번도 없습니다. 자녀가 부모보다 먼저 떠날 수도 있고 손주가 할아버지 보다 먼저 떠날 수도 있습니다. 성경은 너희가 내일 일을 알지 못한다고 했습니다. 그러므로 우리는 항상 떠나야 할 인생임을 알고 언제든지 떠날 준비를 하며 사는 자가 지혜로운 자입니다.

나눔의 시간

1. 오늘 말씀을 통하여 느낀 점을 말해봅시다.
2. 내 주변에서 나보다 먼저 떠난 사람을 봤을 때 어떤 생각이 들었는지 말해봅시다.

적용하기

오늘 말씀을 생활에 어떻게 적용할까 말해봅시다.

결단 및 합심기도

1. 오늘 떠나도 후회 없는 삶을 살고 있는지 돌아보며 하루하루 최선의 삶을 살 것을 다짐하며 기도합시다.
2. 우리 구역부흥과 전도 대상자를 위하여 기도합시다.

감사 및 알림

헌금 및 기도, 교회소식, 구역소식, 다음모임, 주기도.

제46과 세월을 아끼라

- 본문/ 에베소서 5:15-17
- 인사/ 반갑습니다, 사랑합니다, 주님의 이름으로 축복합니다.
- 찬송/ 485, 445장
- 신앙고백 (기도)

말씀읽기

15 그런즉 너희가 어떻게 행할지를 자세히 주의하여 지혜 없는 자 같이 하지 말고 오직 지혜 있는 자 같이 하여 16 세월을 아끼라 때가 악하니라 17 그러므로 어리석은 자가 되지 말고 오직 주의 뜻이 무엇인가 이해하라

생각하기/ 80세 인생의 시간사용 계산서

스위스의 한 노인이 80세를 맞게 되었습니다. 이 노인은 자신이 살아온 인생을 돌이켜 보면서 시간을 양(量)으로 계산한 통계를 만들어 세상에 내놓았습니다. 그는 26년 동안 잠을 잤습니다. 움직이지도 않고 생각도 않는 시간을 어떤 일보다 많이 썼던 것입니다. 그리고 21년 동안을 노동에 바쳤습니다. 또 6년은 식사하는데 사용했습니다. 남이 약속을 지키지 않아 기다린 시간이 무려 5년이었습니다. 그리고 또 다른 5년을 혼자 낭비해 버렸습니다. 수염을 깎고 세면을 하는 것에 228일을 보냈으며, 아이들과 노는 것에는 26일을 썼습니다. 넥타이를 매는데 18일이 걸렸고, 담뱃불을 붙이는 일에는 12일이 소모되었습니다.

그가 마음 속에 행복을 누렸던 가장 기쁜 시간들을 찾고 찾아 보았을 때 그것은 약 46시간에 불과했다고 합니다.

말씀 속으로

1. 세월을 아껴야 합니다.

세월을 아끼라는 의미는 우리에게 주어진 기회를 바르게 선용하라는 뜻입니다. 하나님께서는 모두에게 기회를 주셨습니다. 모든 사람에게 동일한 시간을 주셨습니다. 시간은 기회입니다 이 시간을 어디에 쓰느냐에 따라 그 열매를 거두게 됩니다. 시간을 선한데 쓰면 선한 열매를 맺습니다. 악한데 쓰면 악한 열매를 맺습니다. 시간은 정직합니다. 쓰는 대로 결과가 주어집니다. 학생이 공부할 때 영어에 시간을 쓰면 영어실력이 향상되고 수학에 쓰면 수학실력이 향상됩니다. 음악에 쓰고, 미술에 쓰고, 체육에 쓰고, 쓰는 대로 그 일에 열매가 나타납니다.

그러므로 우리는 시간을 바르게 사용해야 합니다. 주어진 시간을 자신의 맡은 일에 사용할 뿐만 아니라 주님 나라와 주님 일에 많이 활용하고 투자하면 영원한 열매를 거두게 됩니다.

성경읽기/ 갈라디아서 6:7을 읽고 어떻게 거둔다고 하였는지 말해봅시다.

2. 주의 뜻을 따라 살아야 합니다.

세월을 아끼는 것은 주어진 기회를 주님의 뜻대로 활용하는 것입니다. 주어진 시간을 낭비하지 않고 주님이 기뻐하시는 일에 쓰는 것입니다. 주어진 건강도 정욕을 위해 낭비하지 않고 건강할 때 주님을 위하여 쓰는 것입니다. 건강할 때가 기회입니다. 건강 잃으면 일하고 싶어도 할 수 없습니다. 건강이 하나님이 주신 기회인 것을 알아야 합니다. 물질도 있을 때가 기회입니다. 물질이 있을 때 주님이 기뻐하시는 곳에 많이 활용해야 합니다. 물질은 날개가 있어 날아간다고 하였습니다. 날아가기 전에 복음전파와 선교를 위해 그리고 주님 나라의 확장과 주님의 영광을 위해 활용을 해야 합니다. 하나님께서는 봉사할 수 있는 기회를 주십니다. 섬길 수 있는 기회도 주십니다. 일할 수 있는 기회를 주십니다. 기회를 자신만을 위해서 쓰고 먹고 즐기는데 사용한다면 이는 어리석은 자가 됩니다.

성경읽기/ 갈라디아서 6:10을 읽고 기회 있는 대로 어떻게 하라고 했는지 말해봅시다.

3. 때가 악합니다.

우리는 악한 시대에 살고 있습니다. 뉴스나 신문에는 세상의 죄악상이 매일같이 홍수를 이루고 있습니다. 이 시대는 노아시대보다 더욱 악하며 바울시대보다 더 악합니다. 노아시대와 롯 시대에 하나님의 심판이 있었습니다. 하나님께서는 노아 때의 죄에 대하여 죄악이 세상에 가득함과 그의 마음으로 생각하는 모든 계획이 항상 악함을 보시고 세상을 심판하기로 작정하셨습니다(창 6:5). 노아 때나 롯 때의 대표적인 죄가 성적인 타락이었습니다. 오늘 이 시대는 그때보다 더욱 성적으로 타락했습니다. 동성애가 합법화되고 청소년들의 성적인 자유가 허용되었습니다. 이 시대는 가짜가 판을 칩니다. 가짜 여권, 가짜 휘발유, 가짜 약품 등 가짜가 진짜로 둔갑한 시대입니다. 이 시대는 하나님을 거역하고 우상을 섬기며 인간이 신의 자리를 차지한 시대입니다. 이 시대는 심판이 임박한 시대입니다. 우리는 악한 시대에 세월을 아껴 바르게 선용해야 합니다.

성경읽기/ 로마서 1:21을 읽고 타락한 인간의 모습에 대하여 말해봅시다.

나가는 말

하나님은 세상이 악하면 심판을 하셨습니다. 노아 때를 심판하셨고 소돔고모라를 심판하셨으며 폼페이 도시를 심판하셨습니다.이 시대는 노아 때나 소돔 때보다 더욱 악한 시대입니다. 이 시대는 하나님의 심판 아래 놓여 있습니다. 그러므로 그리스도인들은 시대를 분별하고 세월을 아껴 바르게 살아야 합니다. 주의 뜻을 따라 살아야 합니다. 복음 전하며 생명 살리는 일에 힘써야 합니다. 기도하며 봉사하는 일에 시간을 활용해야 합니다.

나눔의 시간

1. 오늘 말씀을 통하여 느낀 점을 말해봅시다.
2. 하루의 시간을 어떻게 활용하고 있는지 주님을 위하여 쓰는 시간을 얼마나 되는지 말해봅시다.

적용하기

오늘 말씀을 생활에 어떻게 적용할까 말해봅시다.

결단 및 합심기도

1. 시간이나 물질을 낭비하지는 않았는지 돌이켜보며 바르게 활용할 것을 다짐하며 기도 합시다.
2. 우리 구역부흥과 전도 대상자를 위하여 기도합시다.

감사 및 알림

헌금 및 기도, 교회소식, 구역소식, 다음모임, 주기도.

제47과 인생의 종착역

- 본문/ 누가복음 16:22-24
- 인사/ 반갑습니다, 사랑합니다, 주님의 이름으로 축복합니다.
- 찬송/ 492, 494장
- 신앙고백 (기도)

말씀읽기

22 이에 그 거지가 죽어 천사들에게 받들려 아브라함의 품에 들어가고 부자도 죽어 장사되매
23 그가 음부에서 고통 중에 눈을 들어 멀리 아브라함과 그의 품에 있는 나사로를 보고 24 불
러 이르되 아버지 아브라함이여 나를 긍휼히 여기사 나사로를 보내어 그 손가락 끝에 물을 찍
어 내 혀를 서늘하게 하소서 내가 이 불꽃 가운데서 괴로워하나이다

생각하기/ 묘비에 새겨진 글

서양인들의 묘지는 동네 가운데나 교회 마당 같은 곳에 있습니다. 그리고 가지런히 줄지어 서 있는 묘비에는 재미있는 글도 있고, 엄숙한 글도 있고, 때론 인생을 돌아보게 하는 글도 있습니다.

어느 날 한 사람이 그 묘비들을 읽고 다니다 어떤 묘비 앞에서 발길을 멈추었습니다. 글은 단 세 줄이었습니다.

- 나도 당신처럼 그 자리에 그렇게 서 있었소. 순간 웃음이 터져 나왔습니다.
- 나도 전에는 당신처럼 그 위에 서서 그렇게 웃고 있었소. 이 글을 읽자 이게 재미로 쓴 게 아니구나 싶어 자세를 고치고 긴장된 마음으로 세 번째 줄을 읽었습니다.
- 이제 당신도 나처럼 될테이니 이제 죽음을 준비하시오. 죽음의 준비는 살아있는 동안 꼭 해야 합니다. 반드시 찾아오는 것이니 꼭 준비해야 합니다.

말씀 속으로

1. 죽음은 피할 수 없습니다.

인류의 시조인 아담과 하와가 하나님의 말씀을 거역하고 범죄함으로 사람에게는 죽음이 오게 되었습니다(창3:19). 하나님은 죄의 값은 사망이라고 법을 정하셨습니다(롬6:23). 인류의 대표인 아담의 범죄로 그의 후손인 모든 사람은 죄인이 되었고 그로 말미암아 모든 사람에게 죽음이 왔습니다. 죽음이란 없어지는 것이 아니고 분리되는 것입니다.

죽음에는 영적인 죽음과 육적인 죽음이 있습니다. 영적인 죽음은 하나님과 분리되는 것입니다. 생명에서 떨어져 나가는 것입니다. 가지가 나무에서 끊어지면 가지가 죽은 것처럼 우리 인간은 하나님에게서 떨어지면 영적으로 죽는 것입니다. 다음은 육적인 죽음입니다. 육적인 죽음은 영혼과 육체가 분리되는 것입니다. 몸 안에 있는 영혼이 떠나가면 육체는 시체가 되고 흙으로 갑니다. 이것을 죽음이라고 말합니다. 모든 사람은 이 육적인 죽음을 피할 수 없습니다.

성경읽기/ 로마서 5:12을 읽고 어떻게 죄가 들어오고 어떻게 모든 사람이 사망에 이르게 되었는지 말해봅시다.

2. 죽음 후에는 심판이 있습니다.

공자는 죽음 이후를 묻는 제자들에게 "생전의 일도 다 알지 못하는데 죽은 후에 일을 어떻게 알랴" 고 말했습니다.

죽음은 끝이 아닙니다. 죽음은 이 세상에서 다른 세계로 들어가는 관문입니다. 죽음 후에 심판이 있습니다. 히브리서 기자는 "한번 죽는 것은 사람에게 정하신 것이요 그 후에는 심판이 있으리니" (히9:27)라고 하셨습니다. 이 심판은 예수님을 믿었느냐 믿지 아니하였느냐에 따라 가는 곳을 정하는 심판입니다. 예수님을 믿는 자는 천사들에 의해 천국으로 인도되고 믿지 않는 자는 마귀들에 의해 지옥으로 인도 됩니다. 그리고 거기서 영원히 살게 됩니다. 나사로는 거지로 살았지만 죽어 천국 아브라함의 품에 안겼습니다. 그러나 부자는 죽어 불타는 곳에 들어갔습니다.

성경읽기/ 누가복음 16:24에서 부자의 부르짖음과 간구, 그가 처한 상태를 보고 느낀 점을 말해봅시다.

3. 믿는 자는 영원히 삽니다.

한 미국인이 마지막 숨을 거두기 직전에 가족들을 모아놓고 그들 하나하나를 향하여 See you later(씨유 레이러)라고 인사를 했습니다. 그런데 막내의 차례가 되었을 때 굿 바이라고 말을 합니다. 막내는 아버지가 다른 형제들에게 See you later(씨유 레이러)라고 하면서 왜 자기에게만 굿 바이라고 하셨는지 궁금하여 물었습니다. 그랬더니 그 아버지가 아들아, 네 형들은 모두 예수님을 믿으니 천국에서 다시 만날 수 있지만 너는 예수님을 믿지 않으니 너와는 영원히 만날 수 없기 때문이란다. 그러자 아들은 아버지를 붙잡고 아버지, 저에게도 See you later(씨유 레이러)라고 해 주세요. 저도 예수님을 믿고 살겠어요. 라고 간청을 합니다. 아버지는 그 아들에게 See you later(씨유 레이러)하곤 평안히 눈을 감았습니다.

믿는 자는 죽어도 천국에서 다시 만나게 됩니다.

예수님은 우리에게 영생을 주시기 위해 오셔서 우리 죄를 대신하여 죽으셨습니다. 그러므로 믿는 자는 죄 사함을 받고 다시 하나님과 화목이 됩니다. 하나님과 연결되는 것이 다시 사는 것입니다. 이것을 새 생명이라고 합니다. 이 생명을 가진 자는 죽으면 영혼은 천국으로 갑니다.

성경읽기/ 요한복음 12:25에서 믿는 자는 어떻게 된다고 하였나요?

나가는 말

이 땅에서의 인생의 종착역은 죽음이나 죽음은 다음세계로 가는 관문이므로 진정한 종착역은 천국과 지옥입니다. 믿는 자에게 종착역은 천국이요 믿지 않는 자에게는 지옥이 종착역입니다. 인생은 믿음의 열차를 타느냐 불신의 열차를 타느냐 어느 열차를 타느냐에 따라 종착역이 다릅니다. 우리는 종착역에 도달할 때까지 믿음의 열차에 타고 있어야 합니다.

나눔의 시간

1. 오늘 말씀을 통하여 느낀 점을 말해봅시다.
2. 내일이 인생 마지막 날이라면 나는 오늘 무엇을 할 것인지 나눠봅시다.

적용하기

오늘 말씀을 생활에 어떻게 적용할까 말해봅시다.

결단 및 합심기도

1. 인생 종착역이 있음을 알고 끝까지 믿음의 열차를 탈 것을 다짐하며 기도합시다.
2. 우리 구역부흥과 전도 대상자를 위하여 기도합시다.

감사 및 알림

헌금 및 기도, 교회소식, 구역소식, 다음모임, 주기도.

제48과 최후 승리자

- 본문/ 디모데후서 4:6-8
- 인사/ 반갑습니다, 사랑합니다, 주님의 이름으로 축복합니다.
- 찬송/ 360, 240장
- 신앙고백 (기도)

말씀읽기

6 전제와 같이 내가 벌써 부어지고 나의 떠날 시각이 가까웠도다 7 나는 선한 싸움을 싸우고 나의 달려갈 길을 마치고 믿음을 지켰으니 8 이제 후로는 나를 위하여 의의 면류관이 예비되었으므로 주 곧 의로우신 재판장이 그 날에 내게 주실 것이며 내게만 아니라 주의 나타나심을 사모하는 모든 자에게도니라

생각하기/ 크리소스톰

초대교회 교부 중에 크리소스톰이 있었습니다. 로마 황제가 그에게 예수 그리스도를 포기하라는 명령을 내렸으나 거절하자 "크리소스톰을 독방에 집어넣어라. 아무와도 대화하지 못하도록 말이다."고 명을 내렸습니다. 그러자 그 신하가 대답했습니다. "황제님은 모르십니까? 만일 그 사람을 감옥에 혼자 가두어 놓으면 기도하는 시간이 많아졌다고 오히려 기뻐할 것입니다." "그러면 그를 극악무도한 죄인들이 있는 감옥에 집어넣어라." "그것은 더더욱 안됩니다. 그는 오히려 전도할 기회를 얻었다고 매우 좋아할 것입니다." 화가 난 황제가 소리쳤습니다. "그러면 그놈을 내어다 목을 쳐라." "황제님, 저 기독교인들의 가장 큰 상급은 순교입니다. 그렇기 때문에 저자들 중 목 베임을 당하러 나올 때 얼굴에 광채가 나고 기뻐합니다." "그러면 그를 어떻게 해야 좋단 말이냐?" 하고 탄식했다고 합니다.

말씀 속으로

1. 선한 싸움을 싸우는 자입니다.

바울사도는 인생의 종착역에 도달했을 때 자신의 삶을 뒤돌아보며 자신은 선한 싸움을 싸웠다고 하였습니다. 싸움 중에는 선한 싸움이 있고 악한 싸움이 있습니다. 선한 싸움은 주님을 위한 싸움, 복음전파를 위한 싸움, 마귀와의 싸움을 말합니다. 악한 싸움은 목적 달성을 위해 수단 방법을 가리지 않고 남에게 해를 끼치며 자신의 유익을 위해 싸우는 싸움입니다. 바울은 복음을 위해 목숨을 내놓고 싸웠습니다. 그는 고백하기를 "내가 옥에 갇히기도 더 많이 하고 매도 수없이 맞고, 여러 번 죽을 뻔 하였으니 유대인들에게 사십에 하나 감한 매를 다섯 번 맞았으며 세 번 태장으로 맞고, 한번 돌로 맞고, 세 번 파선하는데 일 주야를 깊음에서 지냈으며, 여러 번 여행에 강의 위험과 강도의 위험과 동족의 위험과 바다의 위험과 거짓 형제 중의 위험을 당하고 또 수고하며 애쓰고 여러 번 자지 못하고, 주리며 목마르고 여러 번 굶고 춥고 헐벗었노라 (고후11:23-27)

성도는 이 땅에 사는 동안 선한 싸움을 싸워야 합니다. 주님을 위해 싸우고 복음전파를 위해 싸우며 선한 일을 위해 죄와 싸워 이겨야 합니다.

성경읽기/ 여호수아서 1:7을 읽고 선한 싸움을 싸우기 위해 어떻게 해야 하는지 말해 봅시다.

2. 달려갈 길을 마쳐야 합니다.

바울은 예수님을 만난 뒤 앞만 보고 달려갔습니다. "푯대를 향하여 그리스도 예수 안에서 하나님이 위에서 부르신 부름의 상을 위하여 달려가노라"(빌 3:14) 달려가는 것은 복음을 위해 열정을 다했다는 것입니다. 그는 전도하는데 열정을 다했습니다. 목숨 내놓고 전도하고 선교하였습니다. 그는 환란 고난 핍박 죽음도 두려워 않고 달려갔습니다. 힘들다고 포기하지 않고 달려갔습니다. 그는 골인점까지 달려갔습니다. 이제 종착점에 도착하였습니다.

그리스도인들은 끝까지 달려가야 합니다. 힘들어도 인내하며 믿음의 길을 달려가야 합니다. 중도에 포기하면 낙오자가 됩니다. 복음전파를 위해 열정을 내야 합니다. 승리자가 되려면 남보다 더 열심히 달려 앞장 서야 합니다.

성경읽기/ 로마서 12:11을 읽고 어떻게 하라고 하였는지 말해봅시다

3. 믿음을 지켜야 합니다.

바울은 믿음을 지켰다고 고백합니다. 믿음 지켰다는 말은 주님께서 맡겨주신 사명을 잘 감당하며 말씀에 순종하였다는 말입니다. 서머나 교회 감독 폴리갑은 로마황제숭배 거절로 화형에 처하게 되었습니다. 나무에 기름을 뿌리고 그 위에 달아놓고 마지막 회유를 합니다. 한 번만 예수를 부인하면 살려주겠노라. 그 때 그는 대답하기를"내가 84년 동안 예수님을 섬겼지만 예수님은 한 번도 나를 실망시키지 않았는데 내가 어찌 예수님을 실망시킬 수가 있단 말이요" 하고 화형을 당하였습니다. 주기철 목사는 일본경찰이 고문을 하며 한번만 신사참배하면 가족이 기다리고 있는 집으로 보내주겠다고 할 때 그는 끝까지 신사참배를 거절하고 믿음 지키다가 순교를 하였습니다. 우리는 어떤 어려움과 고난 시험이 닥쳐도 믿음을 지켜야 합니다. 믿음은 생명입니다. 믿음을 버리면 영원한 생명을 잃게 됩니다. 믿음을 지키는 자가 최후 승리자가 됩니다.

성경읽기/ 히브리서 10:38을 읽고 하나님은 어떤 자를 기뻐하지 않으신다고 하였는지 말해봅시다.

나가는 말

인생의 결산 날이 다가오고 있습니다. 금년도 마지막 달입니다. 1년이 지나면 1년 만큼 마지막 날이 다가오는 것입니다. 인생의 결산날 최후 승리자가 되기 위해서는 선한 싸움을 싸우고 달려갈 길을 마치고 믿음을 지켜야 합니다. 끝까지 선한 싸움을 싸우고 믿음을 지키며 달려가서 모두 최후 승리자들이 됩시다.

나눔의 시간

1. 오늘 말씀을 통하여 느낀 점을 말해봅시다.
2. 1년 동안 믿음을 지켰는지 주일성수 십일조 기도생활 전도생활 봉사생활 등 잘해왔는지 나눠봅시다.

적용하기

오늘 말씀을 생활에 어떻게 적용할까 말해봅시다.

결단 및 합심기도

1. 믿음생활 잘못한 것이 있으면 회개하고 끝까지 믿음 지킬 것을 다짐하며 기도합시다.
2. 우리 구역부흥과 전도 대상자를 위하여 기도합시다.

감사 및 알림

헌금 및 기도, 교회소식, 구역소식, 다음모임, 주기도.

제49과 부활의 증인/ 부활절

- 본문/ 사도행전 3:13-15
- 인사/ 반갑습니다, 사랑합니다, 주님의 이름으로 축복합니다.
- 찬송/ 167, 161장
- 신앙고백 (기도)

말씀읽기

13 아브라함과 이삭과 야곱의 하나님 곧 우리 조상의 하나님이 그의 종 예수를 영화롭게 하셨
느니라 너희가 그를 넘겨주고 빌라도가 놓아주기로 결의한 것을 너희가 그 앞에서 거부하였으
니 14 너희가 거룩하고 의로운 이를 거부하고 도리어 살인한 사람을 놓아주기를 구하여 15 생
명의 주를 죽였도다 그러나 하나님이 죽은 자 가운데서 그를 살리셨으니 우리가 이 일에 증인
이라

생각하기/ 마누라의 부활

한 부부가 예루살렘으로 여행을 떠났습니다. 그들이 예루살렘에 머무는 동안 부인이 갑자기 세상을 떠났습니다. 장의사가 와서 그의 남편에게 말하기를 "당신 부인을 고국으로 운구하는데 $5,000(600만원)이 듭니다. 그러나 당신이 신성한 이 땅에 부인을 묻으시겠다면 $150(18만원) 만 있으면 됩니다. 어떻게 하시겠습니까?" 남편은 한참을 생각하더니 장의사에게 부인을 고국으로 운구해 달라고 말했습니다. 장의사는 너무 이상해서 남편에게 물었습니다. "당신은 왜 부인을 운구하는데 $5,000(600만원)이나 쓰시나요? 이 성스러운 땅에 묻으면 $150(18만원)만 있으면 되는데…" 그러자 남편은 심각하게 말했습니다. "예전에 예수님이 세상을 떠나 이 땅에 묻혔는데 3일 후에 살아나셨습니다. 부인이 다시 살아오면 안 되니까요."

말씀 속으로

1. 예수님은 살아 나셨습니다.

부활이란 죽음에서 다시 살아남을 말합니다. 사람이 죽었다가 다시 살아난다는 것은 인간의 이성으로나 과학적으로 설명할 수 없는 일이며 믿어지지 않는 일입니다. 설혹 죽었다가 잠시 깨어나는 경우는 더러 있지만 예수님처럼 3일 만에 다시 살아나셔서 영원히 죽지 않고 사는 경우는 없습니다. 예수님은 인류의 죄를 대신지고 죽으셨습니다. 그 후 요셉의 무덤에 장사를 지냈습니다. 그런데 예수님은 3일 만에 다시 살아나셨습니다. 하나님이 그를 죽은 자 가운데서 다시 살리셨습니다(행3:15).

사람들 중에는 예수님의 부활을 믿지 않거나 의심하는 자들도 있습니다. 그러나 사람들이 아무리 부활을 믿지 않고 부인한다 하더라도 부활은 사실입니다. 내가 안믿는다고 예수님이 부활하지 않는 것이 아닙니다. 부활은 사실이기에 부인되어질 수 없습니다.

성경읽기/ 마태복음 28:6을 읽고 예수님은 어떻게 살아나셨다고 하였는지 말해봅시다.

2. 기독교는 부활의 종교입니다.

부활은 기독교의 가장 핵심진리입니다. 기독교에서 부활을 빼버리면 다른 종교와 큰 차이가 없을 것입니다. 부활이 없다면 도덕종교 윤리종교로 끝나기 때문입니다. 그러나 기독교는 다른 종교에 없는 부활이 있습니다. 부활은 죽음을 이기고 승리한 사건입니다. 또한 마귀를 이기고, 어두움을 이기고, 죄악을 이긴 사건이 부활입니다. 이 부활의 진리는 초대교회부터 지금까지 도전을 받고 있습니다. 대제사장들과 장로들 서기관들은 부활을 부인하며 부활을 전하지 못하도록 위협하였습니다. 그리고 거짓증인들을 세워 부활을 부인하려고 발버둥쳤습니다. 그들은 예수님이 부활한 것이 아니라 기절했다가 깨어났다는 기절설을 퍼뜨리기도 하고 제자들이 시신을 훔쳐가서 빈 무덤이라고 도적 설을 퍼뜨리기도 하였으며 예수님을 사모하다가 예수님의 환상을 보았다는 환상설까지 퍼뜨렸습니다. 그러나 예수님의 부활은 성경대로 죽으시고 성경대로 3일 만에 다시 살아나신 것이며(고전15:3-4) 부활 후 열한번의 현현과 수많은 목격자들에 의해 증거 되었습니다.

성경읽기/ 고린도전서 15:5-6에서 예수님은 부활 후 누구에게 보이셨다고 하였나요?

3. 부활의 증인이 되어야 합니다.

증인이란 말은 헬라어로는 마르투스(μαρτυς)라고 말합니다. 이는 순교자란 뜻과 같습니다. 이는 증인이 곧 순교자란 뜻입니다. 예수님의 부활을 전하다가 죽음이 닥칠지라도 당당하게 죽는 것이 증인입니다. 제자들은 우리는 “이 일에 증인이라”고 했습니다. 예수를 전하지 말라는 대제사장들과 권세자들 앞에서 우리는 “예수님의 죽으심과 부활하심을 직접 보았다 하나님이 그를 살리셨다 우리는 이일에 증인이다”고 담대히 증거한 것입니다. 저들은 죽음을 두려워하지 않고 증거했습니다(행5:28, 32).

그리스도인들은 부활의 증인이 되어야 합니다. 예수님이 우리 죄를 위하여 죽으셨다가 다시 살아나셨고 그분을 믿음으로 구원받는다고 전해야 합니다. 이 일을 전하다가 핍박을 받고 죽는 한이 있더라도 전해야 합니다. 제자들은 대부분 이 일을 전하다가 순교했습니다. 증인은 순교자입니다.

성경읽기/ 사도행전 25:19을 읽고 바울은 무슨 일로 고발당했는지 말해봅시다.

나가는 말

손바닥으로 하늘을 가릴 수 없듯이 예수님의 부활을 부인하거나 가릴 수 없습니다. 이는 구약에서 예언되고 예수님 자신이 살아나리라고 말씀하신 진리의 말씀이 있기 때문이며 수많은 부활의 목격자와 증인들이 있기 때문입니다. 부활신앙은 죽음을 이기는 신앙입니다. 부활신앙을 가지고 담대히 예수님을 전하는 증인들이 되어야 합니다.

나눔의 시간

1. 오늘 말씀을 통하여 느낀 점을 말해봅시다.
2. 예수님의 부활이 믿어지는 가장 확실한 근거는 무엇인지 나눠봅시다.

적용하기

오늘 말씀을 생활에 어떻게 적용할까 말해봅시다.

결단 및 합심기도

1. 부활의 증인으로서 살지 못한 것을 회개하며 이제부터 증인의 삶을 살 것을 기도합시다.
2. 우리 구역부흥과 전도 대상자를 위하여 기도합시다.

감사 및 알림

헌금 및 기도, 교회소식, 구역소식, 다음모임, 주기도.

제50과 첫 열매를 드려라/ 맥추감사

- 본문/ 출애굽기 34:22-26
- 인사/ 반갑습니다, 사랑합니다, 주님의 이름으로 축복합니다.
- 찬송/ 588, 301장
- 신앙고백 (기도)

말씀읽기

22 칠칠절 곧 맥추의 초실절을 지키고 세말에는 수장절을 지키라 23 너희의 모든 남자는 매년
세 번씩 주 여호와 이스라엘의 하나님 앞에 보일지라 24 내가 이방 나라들을 네 앞에서 쫓아내
고 네 지경을 넓히리니 네가 매년 세 번씩 여호와 네 하나님을 뵈려고 올 때에 아무도 네 땅을
탐내지 못하리라... 26 네 토지소산의 처음 익은 것을 가져다가 네 하나님 여호와의 전에 드릴
지며 너는 염소 새끼를 그 어미의 젖으로 삶지 말지니라

생각하기/ 프린스턴 대학교 총장의 감사

프린스턴 대학교 총장을 지냈던 워터폰 박사가 교회를 갔더니 장로님이 말씀합니다. "박사님, 저는 하나님께 감사드립니다. 교회 오는 길에 마차가 낭떠러지로 굴러 박살이 났는데도 하나님이 지켜주셔서 다치지 않고 살았습니다. 얼마나 감사한 일인지요?" 이 말을 듣던 워터폰 박사는 "저는 장로님보다 갑절이나 감사해야 합니다." 그러자 장로님은 "박사님도 사고 중에 보호받으셨나요?" "저는 그 비탈길을 수백 번 마차를 타고 다녔는데 한 번의 사고도 없이 무사히 다녔으니 장로님보다 갑절로 감사해야지요." 라고 대답했습니다.

흔히 우리는 죽을 뻔했다가 살아난 것만 기적으로 알고 감사합니다. 그러나 사고 없이 지켜주신 것은 더욱 감사한 일임을 깨달아야 합니다.

말씀 속으로

1. 반드시 지켜야 할 절기

구약시대에 이스라엘 백성들이 지켜야 할 3대 절기가 있었습니다. 이는 유월절, 맥추절, 수장절입니다. 절기는 축제의 날이요, 기쁨의 날이며, 잔치의 날이었습니다. 이 절기 때가 되면 이스라엘의 모든 남자들은 여호와의 성소에 올라와 순례하며 하나님께 영광을 돌렸습니다. 유월절은 애굽의 속박에서 해방됨을 기념하는 절기요, 맥추절은 그 해에 농사한 햇곡식을 추수하여 처음 익은 열매를 드리는 절기로 초실절이라고도 하고 유월절 후 7주 지난 다음에 지키는 절기라 하여 칠칠절이라고도 부르고(출34:22) 유월절 후 50일째 되는 날에 드리는 절기라 하여 오순절이라고도 합니다. 수장절은 그 해의 모든 추수를 마치고 광야에 나아가 7일을 지내며 광야생활을 회상하고 영원한 천국을 소망하는 절기였습니다. 이 절기들은 "하나님의 백성들이 각처에서 대대로 지켜야 할 영원한 규례"라 했습니다(레23:14).

성경읽기/ 신명기 16:15을 읽고 무엇을 인하여 즐거워하라고 하였는지 말해봅시다.

2. 맥추절은 첫 것을 드리는 절기입니다.

맥추절은 초실절입니다. 그 해 보리농사와 밀농사를 짓고 농사한 첫 곡식을 하나님께 드리는 절기입니다. 하나님께서는 "네 토지에서 처음 거둔 열매의 가장 좋은 것을 가져다가 너의 하나님의 전에 드릴지니라."(출23:19상)고 하였습니다. 하나님께 드리는 것은 가장 좋은 것으로 드려야 합니다. 구원받은 그리스도인들은 맥추절 신앙을 가져야 합니다. 맥추절 신앙이란 첫 것을 드리는 신앙, 가장 좋은 것을 드리는 신앙을 말합니다. 하루의 첫 시간을 주님께 드리고 일 주일의 첫 날을 드리며 한 달의 첫날도 예배드리며 물질의 첫 수입을 하나님께 드리고 첫 월급을 하나님께 드리는 신앙을 가져야 합니다. 첫 것은 모두 하나님의 것이기 때문입니다. 이런 신앙을 가질 때 하나님께서 대적을 물리쳐 주시고 지경을 넓혀 주시겠다고 약속하셨습니다.

성경읽기/ 신명기 15:19에서 무엇을 하나님께 드리라고 하였는지 말해봅시다.

3. 힘을 다해 드려야 합니다.

신명기 저자는 "네 하나님 여호와 앞에 칠칠절을 지키되, 네 하나님 여호와께서 네게 복을 주신대로 네 힘을 헤아려 자원하는 예물을 드리고…(신16:10)"라 했습니다. 초실절은 처음 익은 열매의 첫 것을 드리는 절기로 미쉬나(Mishina) 탈무드를 해설하는 책에는 하나님께 바칠 열매로 보리, 밀, 포도, 뽕, 무화과, 감람유, 귤 등 모두 일곱 종류였습니다. 하나님께서는 추수한 새 곡식을 하나님께 드리기 전에는 결코 사람이 먼저 먹지 못하게 하셨습니다(레24:14). 이는 축복의 근원이 하나님이심을 깨닫고 먼저 하나님 제일주의로 살아야 할 것을 교훈하기 위함이었습니다.

그리고 "네 하나님 여호와께서 네게 복을 주신대로 네 힘을 헤아려 자원하는 예물을 드리라"고 했습니다. 절기에는 힘을 다해 기쁜 마음으로 예물을 드려야 합니다. 인색함으로나 억지로 드리는 것은 기뻐하지 않습니다.

성경읽기/ 신명기 16:17에서 어떻게 예물을 드리라고 하였는지 말해봅시다.

나가는 말

농경사회에서 맥추절은 봄 농사를 짓고 하나님의 은혜에 감사하여 드리는 절기입니다. 산업사회에서는 직장에서 일하며 또는 사업하며 6개월 동안 살아오게 하시고 필요한 것을 채워주심을 감사해서 드리는 감사절기입니다. 절기 때는 빈손으로 보이지 말라고 하셨습니다. 주신 복을 따라 힘을 다해 기쁜 마음으로 자원함으로 예물을 드릴 때 더 큰 복을 받게 됩니다.

나눔의 시간

1. 오늘 말씀을 통하여 느낀 점을 말해봅시다.
2. 나는 절기 때에 감사예물을 힘을 다해 자원하여 드리고 있는지 한 달 수입에서 몇 퍼센트 정도 드리는지 나눠봅시다.

적용하기

오늘 말씀을 생활에 어떻게 적용할까 말해봅시다.

결단 및 합심기도

1. 절기 때에 힘을 다해 감사드리지 못했으면 회개하고 초실절 신앙을 갖기를 기도합니다.
2. 우리 구역부흥과 전도 대상자를 위하여 기도합시다.

감사 및 알림

헌금 및 기도, 교회소식, 구역소식, 다음모임, 주기도.

제51과 현대의 추수감사절

- 본문/ 레위기 23:39-41
- 인사/ 반갑습니다, 사랑합니다, 주님의 이름으로 축복합니다.
- 찬송/ 587, 292장
- 신앙고백 (기도)

말씀읽기

39 너희가 토지소산 거두기를 마치거든 일곱째 달 열닷샛 날부터 이레 동안 여호와의 절기를
지키되 첫 날에도 안식하고 여덟째 날에도 안식할 것이요 40 첫 날에는 너희가 아름다운 나무
실과와 종려나무 가지와 무성한 나무 가지와 시내 버들을 취하여 너희의 하나님 여호와 앞에서
이레 동안 즐거워할 것이라 41 너희는 매년 이레 동안 여호와께 이 절기를 지킬지니 너희 대대
의 영원한 규례라 너희는 일곱째 달에 이를 지킬지니라.

생각하기/ 빵 속의 은전

독일 한 마을에 흉년이 들어 식생활이 어려운 때 마을에 부자가 마을 어린이들에게 매일 빵을 하나씩 나누어 주었습니다. 그 중에 그레이처 라는 소녀가 있었는데 그는 다른 아이들이 다 가져간 뒤 나머지 하나를 집어 들고 꼭 빵을 준 아저씨에게 "감사합니다." 라고 인사를 하고 갔습니다.

한 날도 큰 빵은 다 가져가고 유달리 작은 빵 한 개가 그레이처의 몫으로 남았습니다. 그레이처는 그것을 갖고 기뻐하며 아저씨에게 감사하고 돌아갔습니다. 그녀가 빵을 먹으려고 빵을 찢을 때 그 속에서 은전 여섯개가 쏟아져 나왔습니다. 그는 곧 바로 아저씨에게 찾아가서 빵을 먹으려고 자르는데 그 속에서 이 돈이 나왔노라고 하면서 아저씨에게 돌려 드렸습니다. 그 때 이 아저씨는 빙그레 웃으며 "마음씨 착한 너에게

하나님이 주신 것이니 네 것이다." 하며 그 아이를 격려했습니다.

말씀 속으로

1. 추수 감사절의 의미

추수 감사절은 1년 농사를 짓고 추수한 후 드리는 1년 중 제일 큰 감사절기입니다. 성경에는 수장절로 나와 있는데 이스라엘 백성들은 수장절에는 들판에 초막을 짓고 일주일간 그 초막에서 살며 절기를 지켰습니다. 그러므로 수장절은 초막절 또는 장막절이라고도 합니다. 그들이 초막을 짓고 초막에 거주하면서 절기를 지키는 것은 이스라엘 백성들의 광야생활을 회상하며 잊지 않기 위함입니다. 이스라엘 백성들은 애굽에서 나온 후 40년간을 광야에서 초막을 짓고 생활했습니다. 하나님께서 초막절을 지키라고 한 것은 지난 날 하나님이 그들을 출애굽 시킨 후 광야 생활 중에 인도해 주셨음을 잊지 않도록 하기 위함입니다. 수장절은 하나님의 은혜를 잊지 않고 감사하며 드리는 절기입니다.

성경읽기/ 신명기 16:14을 읽고 절기를 지킬 때는 누구와 함께 즐거워하며 지키라고 하였는지 말해봅시다.

2. 우리는 왜 추수 감사절을 지켜야 합니까?

사람들 중에는 우리 시대는 농경시대도 아니고 우리가 농사짓는 일도 없는데 왜 추수 감사절을 지켜야 하느냐고 말하는 사람도 있습니다. 우리가 농사를 짓지 않아도 추수 감사절을 지켜야 합니다. 이는 하나님의 명령이기 때문입니다. 하나님께서는 수장절(추수절)을 지키라고 하였습니다. "수장절을 지키라 이는 네가 수고하여 이룬 것을 연말에 밭에서부터 거두어 저장함이니라." (출23:16)

수장절은 1년 동안 하나님의 은혜로 살아 왔음을 감사하여 지키는 절기입니다. 사람이 농사를 지어 추수를 하게 된 것은 하나님이 비를 내려 주시고 태양

빛을 비춰주시고 시원한 바람을 불게 하시고 자라게 하셨기 때문입니다. 하나님의 도움없이는 농사를 지을 수 없고 열매를 거둘 수 없습니다.

우리는 1년 동안 일하게 하시고 돈을 벌게 하시고 가정을 지켜주시고 건강을 지켜주시고 살아가는데 필요한 모든 것을 채워주심을 감사하여 감사절을 지켜야 합니다. 또한 우리는 하나님의 구원의 은혜를 잊지 않고 감사하며 감사절기를 지킵니다.

성경읽기/ 출애굽기 34:22을 일고 언제 맥추절을 지키고 수장절을 지키라고 하였는지 말해봅시다.

3. 어떻게 감사할까요?

먼저 하나님의 전으로 나아가야 합니다. 하나님께서는 절기 때는 반드시 하나님 앞에 보일지라고 하였습니다(출23:17). 절기가 아닌 때에도 하나님의 전에 나아와 예배를 드리며 주일을 지켜야 합니다만 절기 때는 더욱 준비하여 주의 전에 나아가서 절기를 지켜야 합니다. 그리고 예물을 가지고 하나님께 나아가 드려야 합니다. 하나님께서는 감사절에는 빈손으로 보이지 말라고 하셨습니다. 시인은 감사하므로 그 문에 들어가며 찬송하므로 그 궁정에 들어가서 그에게 감사하며 그의 이름을 송축할지라고 하였습니다(시100:4). 지금까지 주신 은혜와 축복을 감사드릴 뿐만 아니라 앞으로 받을 복을 생각하며 정성껏 감사를 드리고 찬양을 드려야 합니다.

성경읽기/ 역대상 29:14을 읽고 다윗은 무엇을 주께 드렸다고 하였는지 말해봅시다.

나가는 말

윌리암 로오는 “엄숙한 부르심” 이라는 글에서 “세상에서 가장 큰 성자는 기도를 많이 하고 금식을 많이 하는 사람이 아니며, 자선을 많이 하고 절제와 공의에 탁월한 사람도 아닙니다. 가장 위대한 성자는 언제나 하나님께 감사하는 사람입니다." 하고 했습니다.

우리는 구원받은 은혜를 감사하며 오늘까지 인도하신 은혜를 감사하며 앞으로 받을 은혜를 인하여 항상 감사하며 살아가야 합니다.

나눔의 시간

1. 오늘 말씀을 통하여 느낀 점을 말해봅시다.
2. 감사절이 정말 감사하고 즐거운지 아니면 물질 때문에 부담스러운지 이야기 해봅시다.

적용하기

오늘 말씀을 생활에 어떻게 적용할까 말해봅시다.

결단 및 합심기도

1. 감사절에 빠진 적은 없었는지 돌아보며 더욱 큰 감사를 하기를 기도합시다.
2. 우리 구역부흥과 전도 대상자를 위하여 기도합시다.

감사 및 알림

헌금 및 기도, 교회소식, 구역소식, 다음모임, 주기도.

제52과 목자들의 성탄절

- 본문/ 누가복음 2:15-20
- 인사/ 반갑습니다, 사랑합니다, 주님의 이름으로 축복합니다.
- 찬송/ 121, 123장
- 신앙고백 (기도)

말씀읽기

15 천사들이 떠나 하늘로 올라가니 목자가 서로 말하되 이제 베들레헴으로 가서 주께서 우리
에게 알리신 바 이 이루어진 일을 보자 하고 16 빨리 가서 마리아와 요셉과 구유에 누인 아기
를 찾아서 17 보고 천사가 자기들에게 이 아기에 대하여 말한 것을 전하니 18 듣는 자가 다 목
자들이 그들에게 말한 것들을 놀랍게 여기되 19 마리아는 이 모든 말을 마음에 새기어 생각 하
니라 20 목자들은 자기들에게 이르던 바와 같이 듣고 본 그 모든 것으로 인하여 하나님께 영광
을 돌리고 찬송하며 돌아 가니라

생각하기/ 예수님 때문에 이름난 동네 베들레헴

베들레헴은 예루살렘 남쪽 8km 지점에 있는 작은 마을입니다. 지금은 팔레스타인 점령지역이어서 더 낙후되어가고 있습니다.

베들레헴에서 예수님이 태어났다는 것은 우연한 사건이 아닌 것입니다. 미가서 5:2을 보면 "베들레헴 에브라다야 너는 유다 족속 중에 작을 지라도 이스라엘을 다스릴 자가 네게서 내게로 나올 것이라 그의 근본은 상고에 태초에니라" 고 했습니다. 미가 선지자를 통해 예수님이 베들레헴에 나실 것을 예언한 말씀입니다.

이름 없는 작은 마을이 예수님으로 유명한 마을이 된 것처럼 사람도 예수님을 모시면 존귀한 사람이 됩니다.

말씀 속으로

1. 목자들은 성탄의 소식을 들었습니다.

예수님이 베들레헴에 탄생하셨습니다. 온 세상은 깊은 밤 깊은 잠에 빠졌습니다. 아무도 예수님의 오심을 알지 못했습니다. 천사들이 밤중에 양을 지키고 있던 목자들에게 나타나 성탄의 소식을 알려 주었습니다"오늘날 너희를 위하여 다윗의 동네에 구주가 나셨으니 곧 그리스도 주시니라"(눅2:11) 목자들은 천사가 전하여준 소식을 듣고 그대로 믿었습니다(15절). 목자들은 메시야를 기다리고 있었음을 알 수 있습니다. 그러므로 그들은 천사들이 떠나간 후에 "이제 베들레헴으로 가서 주께서 우리에게 알리신 바 이 이루어진 일을 보자" 하고 베들레헴으로 갔습니다. 목자들은 그리스도 구주가 나셨음을 그대로 믿었습니다.

오늘 성탄은 그리스도 구주가 이 땅에 오신 날입니다. 예수님은 우리의 구주 그리스도 이십니다.

성경읽기/ 마태복음 1:21을 읽고 천사들은 마리아에게 나타나 무엇이라고 하였는지 그 이름의 의미를 말해봅시다.

2. 목자들은 예수님께 빨리 갔습니다.

목자들은 구주가 베들레헴에서 나셨다는 말을 듣고 천사들이 알려준 동네로 달려갔습니다. 그들은 기다리던 구주가 나셨다는 소식을 듣고 기뻐하며 구주를 보기 위해 지체치 않고 빨리 가서 아기 예수님을 보았습니다(16절). 사모하는 자들의 특징은 기회가 있을 때에 지체하지 않는 것입니다.

그들은 어떤 것보다도 주님을 보는데 우선순위를 두었습니다. 양들을 지키는 것보다 아기 예수님을 먼저 보고자 하였습니다. 본문16절에 "빨리 가서 마리아와 요셉과 구유에 누인 아기를 찾아서"라고 기록하고 있습니다. 은혜를 사모하는 자들은 은혜의 자리로 빨리 가야 합니다. 주님을 사모하면 주님 전으로 빨리 가야 합니다. 교회는 하나님의 집이요 주님의 몸입니다. 하박국 선지자는 여호와는 그 성전에 계신다고 하였으며(합2:20) 예수님은 두 세 사람이 내 이름으로 모이는 그곳에 내가 함께 있다고 하였습니다. 목자들이 주님 계신 곳으로 빨리 간 것처럼 우리들은 주님 계신 교회로 빨리 가서 주님을 만나야 합니다.

성경읽기/ 누가복음 2:11에서 예수님에 대해 뭐라고 칭하였으며 그 칭호의 의미들을 나눠봅시다.

3. 목자들은 찬양으로 주께 영광을 돌렸습니다.

목자들은 빨리 가서 마리아와 요셉과 구유에 누인 아기 예수님을 보고 천사가 자기들에게 이 아기에 대하여 말한 것을 전하였습니다. 그러자 목자들의 말을 듣는 자들이 놀랍게 여겼습니다. 마리아는 그들의 말을 마음에 깊이 새기어 생각하였습니다. 목자들은 자신들이 듣고 본 모든 것으로 인하여 하나님께 영광을 돌리고 찬송을 하였습니다(눅2:20).

성탄절은 우리를 구원하기 위하여 하나님이 인간의 몸을 입으시고 낮고 천한 이 땅으로 오신 날입니다. 그러므로 우리는 성탄절에 주님 앞에 나아가서 하나님께 찬양과 영광을 돌려야 합니다. 우리를 위하여 이 땅에 오신 예수님이 우리의 구주되심을 믿고 예수님께 경배드리며 이 예수님을 전하는 성탄이 되어야 합니다.

성경읽기/ 누가복음 2:10을 읽고 천사들은 성탄의 소식을 어떤 소식이라고 하였는지 말해봅시다.

나가는 말

목자들은 구주가 나셨다는 소식을 듣고 기뻐하며 빨리 베들레헴 아기가 나신 곳으로 갔습니다. 그리고 듣고 본 것으로 인하여 하나님께 찬양과 영광을 돌렸습니다. 성탄은 인류역사에 가장 큰 소식이요 기쁨의 소식입니다. 우리도 구원자를 주신 하나님께 찬양과 영광 돌리며 기쁨의 소식을 전하는 성탄이 되도록 하십시다.

나눔의 시간

1. 오늘 말씀을 통하여 느낀 점을 말해봅시다.
2. 나는 성탄절에 기쁨의 소식을 누구에게 전해 보았는지 나눠봅시다.

적용하기

오늘 말씀을 생활에 어떻게 적용할까 말해봅시다.

결단 및 합심기도

1. 성탄의 소식을 이웃에게 전하지 못한 것을 회개하며 이제부터 성탄의 소식을 전하기 위해 기도합시다.
2. 우리 구역부흥과 전도 대상자를 위하여 기도합시다.

감사 및 알림

헌금 및 기도, 교회소식, 구역소식, 다음모임, 주기도.

memo

52주 신바람 구역공과 **제자로 세우는 구역 2**

발행일 2012년 11월 20일
5쇄 2025년 2월 7일

지은이 조종제
펴낸이 장사경
편집디자인 최복희

펴낸곳 Grace Publisher(은혜출판사)

주소 서울 종로구 숭인 2동 178-94
전화 (02) 744-4029 팩스 744-6578
출판등록 제 1-618호(1988. 1. 7)

ISBN 978-89-7917-920-0 04230
ISBN 978-89-7917-918-7 04230 (세트)